Gorros animales tejidos a dos agujas

Manu

Gorros de animales tejidos a dos agujas

35 diseños salvajes y maravillosos
para bebés, niños y adolescentes

Fiona Goble

Manu

Goble, Fiona
   Gorros de animales tejidos a dos agujas. - 1a ed. -
Buenos Aires : Cute Ediciones, 2013.
   112 p. ; 28x21 cm.

   ISBN 978-987-1903-26-9

   1. Manualidades. 2. Tejidos. I. Título
   CDD 746.4

www.cuteediciones.com.ar

ISBN: 978-987-1903-26-9
Impreso en China

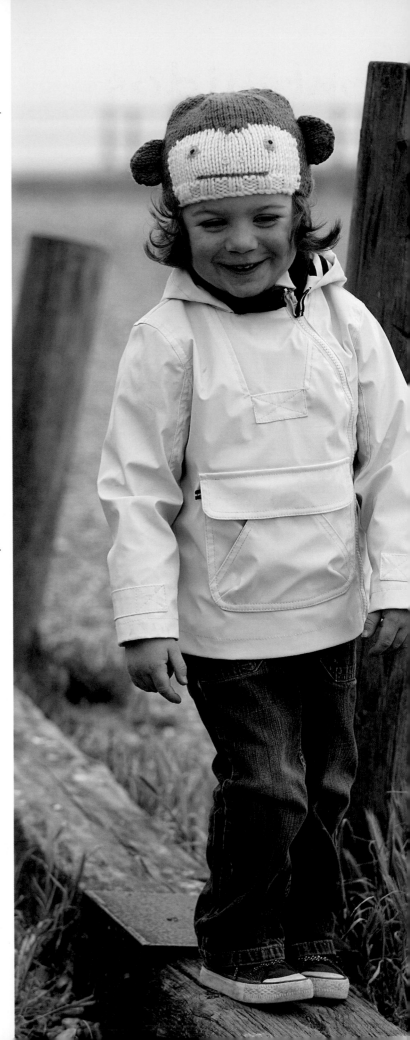

contenidos

introducción

Si usted ama tejer, tiene predilección por gorros fantasiosos y adora a los animales, entonces este libro es para usted!

Me encantan los tocados de animales y quería ayudar a la gente a crear a cada uno su propio gorro. Algunos de los patrones de los gorros son adecuados para nuevas tejedoras y son ideales para un segundo o tercer proyecto. Otros son más adecuados para tejedoras con algunos proyectos en su haber - y algunos están dirigidos a tejedoras con algo de experiencia. El nivel de habilidad requerido en cada proyecto está claramente marcado en cada patrón. Si usted hace un tiempo que no teje y quiere repasar sus habilidades, eche un vistazo al capítulo de Información útil (págs. 92-107)

Los patrones están divididos en tres secciones: gorros para bebés, gorros para niños y gorros para "los jóvenes de corazón"- eso va más allá de los preadolescentes, incluye a todo aquel que quiera lucir un sombrero de animal !!! Dé vuelta las páginas y vea qué estilo prefiere - y no olvide que la mayoría de los modelos de Gorros Calentitos para Niños Lindos (págs. 24-69) y Gorros Atractivos para el Joven de Corazón (págs. 70-91) incluyen instrucciones para dos medidas, de manera que usted puede tejer la versión más pequeña para los niños más jóvenes y la versión más grande para los mayorcitos, adolescentes y adultos.

En caso de que aún no lo haya notado, hay una serie de accesorios obligatorios. Para los bebés más pequeños, hay hermosas botitas que hacen juego con la mariquita de San Antonio y el gorro de la abeja. Y, si usted es mayor, vea las muñequeras con rayas de cebra, las polainas de vaca y las de tigre también.

Todos los proyectos están tejidos con hilados standards. Si usted no puede encontrar un hilado específico o simplemente desea algo diferente, puede sustituirlo con un hilado similar o del mismo grosor - vea la Información sobre hilados de la págs. 108 y 109. Sólo recuerde tejer su muestra en primer lugar, así puede estar segura que su creación final tendrá el tamaño adecuado.

Lo más maravilloso sobre tejer es el pequeño equipo que usted necesita para llevarlo a cabo. Para estar segura de que tiene todo, vea la pág 94 y además observe la información brindada en cada patrón individualmente. Personalmente, adoré absolutamente crear estos gorros y ver a mi "menagerie" (casa de fieras) salir de los ovillos de lana de mi canasta de tejido - y deseo que usted se divierta haciéndolos y vistiéndolos.

Capítulo 1

Gorritos para bebés muy pequeños

squawk el pollito

Qué bebé puede prescindir de éste cálido y encantador gorro de pollito para protegerse de las brisas heladas del clima frío? El gorro está tejido con lana gruesa amarilla, pero si le agrada un mirlo o un pájaro azul, solamente elija el hilado adecuado. El gorro se teje súper rápido y es un proyecto ideal para principiantes.

Hilado

1x ¾ de oz (50g) – aprox 81 yds (75 m) – Sirdar Click Chunky en color 186 Lemon (A)
Una pequeña cantidad de Sirdar Country Style DK en color 412 White (B) y color 473 Slate (C)
Una pequeña cantidad de Rowan Wool Cotton DK en color 985 Cafe (D)

Además necesitará

Agujas de tejer US 9 (5.5 mm) y US 3 (3.25 mm)
Aguja de coser lana
Aguja de bordar con ojo grande

Medidas

0-6 meses (6-12 meses)

Medidas reales

Aprox 13 ½ pulg / 34 cm (15 pulg / 38 cm) de circunferencia

Muestra

16 ptos y 22 hileras = un cuadrado de 4 pulg / 10 cm, usando agujas de tejer US 9 (5.5mm) en pto jersey derecho.

Gorro básico

(hacer 1)
Usando agujas de tejer US 9 (5.5mm) y A, montar 54 (60) ptos.
Hil 1: [1d, 1r] hasta el final.
Hil 2: [1r, 1d] hasta el final.
Repetir las hil 1-2 una vez más.
Trabajar 18 (20) hileras en pto jersey comenzando con una hilera de ptos al d.
Tamaño grande únicamente:
Próxima hil: 4d, [2jd, 8d] 5 veces, 2pjd, 4d, (54 ptos)
Próxima hil: r.
Ambas medidas:
Próxima hil: 3d, [desl1, 2pjd, pasar el desl sobre los ptos tejidos juntos, 6d] 5 veces, desl1, 2pjd, pasar el desl sobre los ptos tejidos juntos, 3d. (42 ptos)
Próxima hilera y todas las próximas hileras del RL hasta que se indique lo contrario: r.
Próxima hil del DL: 2d [desl1, 2pjd, pasar el desl sobre los ptos tejidos juntos, 4d] 5 veces, desl1, 2pjd, pasar el desl sobre los ptos tejidos juntos, 2d. (30 ptos)
Próxima hil del DL: 1d, [desl1, 2pjd, pasar el desl sobre los ptos tejidos juntos, 2d] 5 veces, desl1, 2pjd, pasar el desl sobre los ptos tejidos juntos, 1d. (18 ptos)
Próxima hil (RL): [2pjr] hasta el final. (9ptos)
Próxima hil: [desl1, 2pjd, pasar el desl sobre los ptos tejidos juntos] 3 veces. (3 ptos)
Trabajar 7 hileras en pto jersey derecho comenzando con una hil al r.
Cerrar los ptos.

Parte blanca o externa del ojo

(hacer 2)
Usando ag US 3 (3.25 mm) y B, montar 5 ptos.
Hil 1: aum1, d hasta los últimos 2 ptos, aum1, 1d (7 ptos)
Hil 2: r.
Repetir las 2 primeras hileras 3 veces más. (13 ptos)
Hil 9: 1d, 2pjd, d hasta los últimos 3 ptos, ppt, 1d. (11 ptos)
Hil 10: r.
Repetir las hileras 9-10, 2 veces más. (7 ptos)
Hil 15: 1d, 2pjd, 3d, ppt, 1d. (5 ptos)
Cerrar los ptos.

Pico

Usando US 3 (3.25 mm) y D, montar 8 ptos.

Trabajar 2 hileras en pto jersey der comenzando con una hil del d.

Hil 3: 2pjd, d hasta los últimos 2 ptos, ppt. (6 ptos)
Hil 4: r.
Repetir las hileras 3-4 una vez más. (4 ptos)
Hil 7: 2jd, ppt. (2 ptos)
Hil 8: 2pjd. (1 pto)
Cortar la lana y pasarla a través del pto restante.

Terminación

Para información general acerca de cómo coser el gorro, ver págs. 104-107.

Con el DL (derecho del gorro) mirando hacia afuera, coser el penachito de la parte superior del gorro. Coser el gorro por la parte de atrás usando la técnica de la costura aplanada (ver pág 104).

Coser los ojos en su lugar. Usando C, bordar con pto cadena el centro de cada ojo (ver pág 106).

Coser el pico en su lugar.

spot la mariquita

Con su brillo y sus espaldas rojas moteadas de negro, las mariquitas de San Antonio o ladybugs se roban la escena del mundo de los insectos. Aproveche tejiendo este gorro divertido para agregar gotas de rojo en un día gris. Está tejido con un suave hilado semigrueso, y las manchas son bordadas después. Es más fácil tejerlo de lo que parece. No olvide ver las botitas de la mariquita de San Antonio en la página 15 para completar el look!

Hilado

1 ovillo de 1³/₄ oz (50 g) - aprox 127 yds (116 m) - Debbie Bliss Rialto DK en color 12 Red (A)
1 ovillo de 1³/₄ oz (50 g) - aprox 127 yds (116 m) - Sublime Extra Fine Merino en color 13 Jet Black (B)
Pequeñas cantidades de Patons Diploma Gold DK en color 6184 Steel (C)

Además necesitará

Ag de tejer US 5 (3.75 mm)
Aguja de coser
Aguja de bordar de ojo grande

Medidas

0-6 meses (6-12 meses)

Medidas reales

Aprox 12 pulg/ 30 cm (13 ³/₄ pulg/35 cm) de circunferencia

Muestra

24 ptos y 30 hileras = un cuadrado de 4 pulg/10 cm usando ag US5 (3.75 mm) en pto jersey derecho.

Notas

Antes de comenzar a tejer, prepare un pequeño ovillo en color A consistente en 9 yds (8m) de lana.

Gorro

(hacer 1)
Usando agujas nro US 5 (3.75 mm) y el ovillo principal en A, montar 72 (84) ptos.
Tejer 6 hileras al d.
Dejar A aparte y comenzar a trabajar con B.
Tejer 2 hileras al d. Cortar B.
Hil 9: 30 (36) tejer d en A, tomar nuevamente B y tejer 12d en B, tomar el pequeño ovillo en A y tejer 30 (36) d en A.
Hil 10: 30 (36) r en A, 12r en B, 30 (36) r en A.
Trabajar 2 hileras más en pto jersey derecho comenzando con una hilera al d y manteniendo el patrón de colores A/B como está establecido.
Hil 13: 31 (37) d en A, 10d en B, 31 (37) d en A.
Hil 14: 32 (38) r en A, 8r en B, 32 (38) en A.
Hil 15: 33 (39) d en A, 6d en B, 33 (39) en A.
Hil 16: 34 (40) r en A, 4r en B, 34 (40) r en A.
Cortar A (hacia el centro del trabajo).
Usando A, trabajar 4 hil en pto jersey derecho comenzando con una hil al d.
Hil 21: 35 (41) d en A, 2d en B, 35 (41) d en A.
Hil 22: 35 (41) r en A, 2r en B, 35 (41) r en A.
Repetir las hileras 21-22, ocho veces más.
Tamaño grande únicamente:
Hil 39: Usando A, 6d, [2pjd,12d] dos veces, 2pjd, 5d; usando B, 2d; usando A, 5d, [ppt, 12d] dos veces, ppt, 6d. (78 ptos)
Hil 40: 38 r en A, 2r en B, 38 r en A.
Hil 41: Usando A, 5d, [desl1, 2pjd, pasar el pto desl sobre los ptos tejidos juntos, 10d] dos veces, desl1, 2pjd, pasar el pto desl sobre los ptos tejidos juntos, 4d; usando B, 2d; usando A, 4d [desl1, 2pjd, pasar el desl sobre los ptos tejidos juntos, 10d] dos veces, desl1, 2pjd, pasar el desl sobre los ptos tejidos juntos, 5d. (66 ptos)
Tamaño pequeño únicamente:
Hil 39: Usando A, 5d, [2pjd, 10d] dos veces, 2pjd, 4d; usando B, 2d; usando A, 4d, [ppt, 10d] dos veces, ppt, 5d. (66 ptos)
Ambos tamaños:
Próxima hilera: 32r en A, 2r en B, 32r en A.
Próxima hilera: Usando A, 4d, [desl1, 2pjd, pasar el desl sobre los ptos tejidos juntos, 8d] dos veces, desl1, 2pjd, pasar el desl sobre los ptos tejidos juntos, 3d; usando B, 2d; usando A, 3d, [desl1, 2pjd, pasar el desl sobre los ptos tejidos juntos, 8d] dos veces, desl1, 2pjd, pasar el desl sobre los ptos tejidos juntos, 4d. (54 ptos)
Próxima hilera: 26r en A, 2r en B, 26 r en A.
Próxima hilera: Usando A, 3d, [desl1, 2pjd, pasar el desl sobre los ptos tejidos juntos, 6d] dos veces, desl1, 2pjd, pasar el desl sobre los ptos tejidos juntos, 2d; usando B, 2d; usando A, 2d, [desl1, 2pjd, pasar el desl sobre los ptos tejidos

juntos, 6d] dos veces, desl1, 2pjd, pasar el desl sobre los ptos tejidos juntos, 3d. (42 ptos)

Próxima hilera: 20r en A, 2r en B, 20r en A.

Próxima hilera: Usando A, 2d, [desl1, 2pjd, pasar el desl sobre los ptos tejidos juntos, 4d] dos veces, desl1, 2pjd, pasar el desl sobre los ptos tejidos juntos, 1d; usando B, 2d; usando A, 1d, [desl1, 2pjd, pasar el desl sobre los ptos tejidos juntos, 4d] dos veces, desl1, 2pjd, pasar el desl sobre los ptos tejidos juntos, 2d. (30 ptos)

Próxima hilera: 14r en A, 2r en B, 14r en A.

Próxima hilera: Usando A, 1d, [desl1, 2pjd, pasar el desl sobre los ptos tejidos juntos, 2d] dos veces, desl1, 2pjd, pasar el desl sobre los ptos tejidos juntos; usando B, 2d; usando A, [desl1, 2pjd, pasar el desl sobre los ptos tejidos juntos, 2d] dos veces, desl1, 2pjd, pasar el desl sobre los ptos tejidos juntos, 1d. (18 ptos)

Próxima hilera: Usando A, [2pjr] 4 veces; usando B, 2pjr; usando A, [2pjr] 4 veces. (9 ptos)

Próxima hilera: Usando A, [desl1, 2pjd, pasar el desl sobre los ptos tejidos juntos] 3 veces. (3 ptos)

Cortar la lana, dejando una hebra larga.

Pasar la hebra entre los ptos restantes, tirar suave pero firmemente y rematar.

Terminación

Para información general acerca de cómo coser el gorro, ver págs. 104-107.

Coser el gorro por la parte de atrás usando la técnica de la costura aplanada (ver pág 104).

Usando B, bordar seis pequeñas motas de punto cadena a los costados y arriba del gorro. Usando B, trabaje las antenas en punto tallo (ver pág 106)

Usando C, borde un pequeño anillo de punto cadena para cada ojo. Usando B, realice un nudo francés (ver pág 106) en el centro de cada ojo.

Usando C, borde la boca en punto cadena.

spot la mariquita, botitas

dificultad

¿Qué mamá consciente del estilo puede resistirse a estas ultra-modernas botitas de mariquita de San Antonio, diseñadas para el guardarropa de invierno del bebé? Tejidas en suaves lanas roja y negra, son el accesorio perfecto para mantener los delicados piecitos muy calentitos cuando la temperatura cae. No se olvide de agregar el gorro haciendo juego de la pág 12.

Botita *(hacer 2)*

Usando ag US 3 (3.25mm) y A, montar 34 (38) ptos.
Hil 1: [2d, 2r] hasta los últimos 2 ptos, 2d.
Hil 2: [2r, 2d] hasta los últimos 2 ptos, 2r.
Repetir las últimas 2 hileras 5 (6) veces más.
Cortar la lana.
Colocar los primeros 10 (11) ptos en el primer sostenedor de ptos o imperdible. Tomar nuevamente A, tejer 14 (16) d. Colocar los siguientes 10 (11) ptos en el segundo sostenedor de ptos. Continuar trabajando solamente con los 14 (16) ptos de la aguja. Trabajar 13 (15) hileras en pto jersey comenzando con una hil al r. Cortar A y seguir con B.
Tamaño grande únicamente:
Hil 31: 1d, 2pjd, 10d, ppt, 1d. (14 ptos)
Hil 32: d.
Hil 33: 1d, 2pjd, 8d, ppt, 1d. (12 ptos)
Hil 34: r.
Tamaño pequeño únicamente:
Hil 27: 1d, 2pjd, 8 d, ppt, 1d. (12 ptos)
Hil 28: d
Ambos tamaños:
Próxima hilera: 1d, 2pjd, 6d, ppt, 1d. (10ptos)
Próxima hilera: r.
Próxima hilera: 1d, 2pjd, 4d, ppt, 1d. (8 ptos)
Próxima hilera: 2pjr, 4r, 2pjr. (6 ptos)
Cortar la lana y y dejar los últimos 6 ptos en la aguja (formarán la punta del pie).
Comenzando en el borde del talón y con el DL mirando a la tejedora, tejer 10 (11) d del primer sostenedor de ptos (es más fácil si los transfiere antes a una aguja adicional), levantar 11 (13) ptos espaciados uniformemente de un lado del pie de la botita, 6d de la aguja, levantar 11 (13) ptos espaciados uniformemente a lo largo del otro lado, 10 (11) d del segundo sostenedor de ptos. (48/54 ptos)
Tejer 7 hileras al d.
Suela
Próxima hilera: d.
Próxima hilera: r.
Tamaño grande únicamente:
Próxima hilera: 2pjd, tejer al d hasta los últimos 2 ptos, ppt. (52 ptos)
Próxima hilera: 2pjr, 22 r, [2pjr] dos veces, 22r, 2pjr. (48 ptos)
Ambos tamaños:
Próxima hilera: 2pjd, 20d, ppt, 2pjd, 20d, ppt. (44 ptos)

Hilado
1 ovillo de 1³/₄ oz (50 g) - aprox 127 yds (116m) - Debbie Bliss Rialto DK en color 12 Red (A)
1 ovillo de 1³/₄ oz (50 g) - aprox 127 yds (116m) - Sublime Extra Fine Merino en color 13 Jet Black (B)

Además necesitará
Ag de tejer US 3 (3.25 mm)
Aguja de coser
2 sostenedores de ptos o 2 imperdibles grandes

Medidas
0-6 meses (6-12 meses)

Medidas reales
Aprox 3³/₄ pulg /9.5cm (4¹/₄ pulg/11cm) de largo de la suela

Muestra
26 ptos y 40 hil= un cuadrado de 4 pulg/10cm usando ag US 3 (3.25 mm) en pto jersey derecho.

Próxima hilera: 2pjr, 18r, [2pjr] dos veces, 18 r, 2pjr. (40 ptos)
Próxima hilera: 2pjd, 16d, ppt, 2pjd, 16d, ppt. (36 ptos)
Próxima hilera: 2pjr, 14r, [2pjr] dos veces, 14 r, 2pjr. (32 ptos).
Cerrar los ptos.

Terminación

Usando B, coser el talón utilizando la técnica de la costura aplanada (ver pág 104).
Usando A, unir el borde de atrás de cada botita. Enfrentando los derechos de la botita, realizar una costura sobre el borde de la suela. Usando B, trabajar una línea de ptos cadena (ver pág 106) sobre el centro del empeine de cada botita. Usando B, trabajar 4 nudos franceses (ver pág 106) para las manchitas.

rudy el conejo

Necesitará un corazón de acero para decirle "no" a un bebè vestido con este clásico gorro de conejo. Tejido en un hermoso tono de rosa, el gorro básico está hecho a partir de un simple rectángulo, cosido de tal manera que forma una capucha de duende. Si usted domina el arte de levantar los puntos a lo largo de un borde tejido, encontrará este gorro asombroso fácil de tejer. Elija rosa o celeste - o tèjalo en el color real de algún conejito que conozca.

Hilado
1 ovillo de 1³/₄ oz (50 g) - aprox 127 yds (116m) -
  Wendy Merino DK en color 2370 Fuchsia
Un botón de ³/₄ pulg (17 mm) al tono
Hilo de coser al tono

Además necesitará
Ag de tejer US 5 (3.75 mm)
Aguja de coser lana
Aguja de coser común

Medidas
Única medida para 6-12 meses.

Medidas reales
Aprox 11 pulg/28 cm de circunferencia de cuello,
  7¹/₂ pulg/19 cm de alto.

Muestra
23 ptos y 30 hil = un cuadrado
  4 pulg/10 cm usando ag US 5
  (3.75 mm) en punto jersey
  derecho.

Gorro
(hacer 1)
Usando ag US 5 (3.75 mm), montar 78 ptos.
Hil 1: [2d, 2r] hasta los últimos 2 ptos, 2d.
Hil 2: [2r, 2d] hasta los últimos 2 ptos, 2r.
Repetir las hileras 1-2 dos veces más.
Hil 7: [2d, 2r] hasta los últimos 2 ptos, 2d.
Trabajar 41 hileras en pto jersey empezando con una hilera de puntos al r.
Cerrar los ptos.

Con el DL mirando a la tejedora, levantar y tejer al d 27 ptos a lo largo de uno de los lados del gorro, comenzando donde está el borde, luego levantar y tejer al d 27 ptos a lo largo del otro lado del gorro, empezando donde está el borde de ptos rematados. (54 ptos)
Girar la labor y montar 16 ptos. (70 ptos)

Próxima hilera: [2d, 2r] hasta los últimos 2 ptos, 2d.
Próxima hilera: [2r, 2d] hasta los últimos 2 ptos, 2r.
Próxima hilera: [2d, 2r] hasta los últimos 2 ptos, 2d.
Próxima hilera: [2r, 2d] hasta los últimos 6 ptos, cerrar al d 2 ptos (para el ojal), 1d, 2r. (68 ptos)
Próxima hilera: 2d, 2r, girar la labor y montar 2 ptos, girar la labor nuevamente, [2r, 2d] hasta el final de la hilera. (70 ptos)
Próxima hilera: [2r, 2d] hasta los últimos 2 ptos, 2r.
Próxima hilera: [2d, 2r] hasta los últimos 2 ptos, 2d.
Cerrar los ptos sin ajustar, manteniendo la secuencia 2r, 2d hasta los últimos 16 ptos.
Cerrar estos 16 ptos al r.

Orejas

(hacer 4 piezas)

Usando ag US 5 (3.75 mm), montar 7 ptos.

Trabajar 26 hileras en pto jersey comenzando con una hilera al d.

Hilera 27: 1d, 2pjd, 1d, ppt, 1d. (5 ptos)

Hilera 28: 2pjr, 1r, 2pjr. (3 ptos)

Hilera 29: desl1, 2pjd, pasar el pto desl sobre los ptos tejidos juntos. (1 pto)

Cortar la lana y pasarla a través del pto restante.

Terminación

Para información general acerca de cómo coser el gorro, ver págs. 104-107.

Coser el gorro por la parte de atrás usando la técnica de la costura aplanada (ver pág 104).

Colocar las dos piezas correspondientes a las orejas con los DL enfrentados y coserlas (ver pág 105) alrededor de los lados y en la parte superior, dejando el borde inferior abierto para darlas vuelta. Darlas vuelta de modo que aparezca el DL y coser el borde inferior. Hacer la segunda oreja de la misma manera. Colocar las orejas en su lugar.

Coser el botón.

tweet el petirrojo

Cuando estás lejos del calor de tu nido, no hay mejor manera de mantener calentita tu cabeza metida dentro de tu propio gorro de petirrojo. Tejido con lana beige suave, este gorro es un gran primer proyecto para alguien que recién comienza mezclando colores en su tejido y será un regalo ideal para un recién nacido varón ó nena.

Hilado

1 ovillo de 3½ oz (100 g) - aprox 262 yds (240 m) - Katia Merino Blend DK en color 37 Umber (A)

1 ovillo de 1 ¾ oz (50 g) - aprox 127 yds (116 m) - Rowan Amy Butler Belle Organic DK en color 020 Clementine (B)

Pequeñas cantidades de Katia Merino Blend DK en color 19 Gold (C)

Pequeñas cantidades de Sirdar Country Style DK en color 417 Black (D)

Además necesitará

Ag de tejer US 5 (3.75 mm) y US 3 (3.25 mm)
Aguja de coser
Aguja de bordar con ojo grande
Ag de crochet medida D-3 (3.25 mm)

Medidas

0-6 meses (6-12 meses)

Medidas reales

Aprox 13 pulg/ 33 cm (15 pulg/38 cm) de circunferencia

Muestra

22 ptos y 30 hileras = un cuadrado de 4 pulg/10 cm usando ag US5 (3.75 mm) en pto jersey derecho.

Notas

Antes de comenzar a tejer, prepare un pequeño ovillo de A consistente en 8 yds (7.5m) de lana.

Gorro

(hacer 1)

Usando ag US 5 (3.75 mm), montar 23 (29) ptos con el ovillo separado de A, 26 ptos en B, y 23 (29) ptos en A del ovillo principal. (72/84 ptos)

Colocar un pequeño imprdible en el pto 23 (29) de cada uno de los bordes.

Tejer 4 hileras al d, manteniendo la secuencia de ptos y colores A y B.

Trabajar 4 hileras en pto jersey comenzando con una hilera al d y manteniendo la secuencia de colores A y B.

Hilera 9: 24 (30) d en A, 24d en B, 24 (30) d en A.

Hilera 10: 25 (31) r en A, 22r en B, 25 (31) r en A.

Hilera 11: 26 (32) d en A, 20d en B, 26 (32) d en A.

Hilera 12: 27 (33) r en A, 18r en B, 27 (33) r en A.

Hilera 13: 28 (34) d en A, 16d en B, 28 (34) d en A.

Hilera 14: 29 (35) r en A, 14r en B, 29 (35) r en A.

Continuar solamente en A, cortar todas las lanas que no se usan.

Tejer 2 hileras al d.

Trabajar 18 hileras en pto jersey empezando con una hilera al d.

Tamaño grande únicamente:

Hil 35: 6d [2pjd, 12d] 3 veces, [ppt, 12d] dos veces, ppt, 6d **(78 ptos)**

Hil 36: r.

Hil 37: 5d [desl1, 2pjd, pasar el pto desl sobre los ptos tejidos juntos, 10d] 5 veces, desl1, 2pjd, pasar el pto desl sobre los ptos tejidos juntos, 5d (66 ptos)

Tamaño pequeño únicamente:

Hil 35: 5d [2pjd, 10d] 3 veces, [ppt, 10d] dos veces, ppt, 5d (66 ptos)

Ambos tamaños:

Próxima hilera y todas las hileras del RL: r.

Próxima hilera del DL: 4d, [desl1, 2pjd, pasar el pto desl sobre los ptos tejidos juntos, 8d] 5 veces, desl 1, 2pjd, pasar el pto desl sobre los ptos tejidos juntos, 4d. (54 ptos)

Próxima hilera del DL: 3d, [desl1, 2pjd, pasar el pto desl sobre los ptos tejidos juntos, 6d] 5 veces, desl 1, 2pjd, pasar el pto desl sobre los ptos tejidos juntos, 3d. (42 ptos)

Próxima hilera del DL: 2d, [desl1, 2pjd, pasar el pto desl sobre los ptos tejidos juntos, 4d] 5 veces, desl 1, 2pjd, pasar el pto desl sobre los ptos tejidos juntos, 2d. (30 ptos)

Próxima hilera del DL: 1d, [desl1, 2pjd, pasar el pto desl sobre los ptos tejidos juntos, 2d] 5 veces, desl 1, 2pjd, pasar el pto desl sobre los ptos tejidos juntos, 1d. (18 ptos)

Próxima hilera del DL: [2pjr] hasta el final. (9 ptos)
Próxima hilera: [desl1, 2pjd, pasar el pto desl sobre los ptos tejidos juntos] 3 veces. (3 ptos)
Trabajar 7 hileras en pto jersey comenzando con una hilera al r.
Cerrar los ptos.

Con el DL mirando a la tejedora y usando A, levantar y tejer al d 23 (29) ptos a lo largo del borde inferior desde el primer imperdible hacia el lado izq.
Tejer al d 4 hileras.
Próxima hilera: 2pjd, d hasta el final. (22/28 ptos)
Próxima hilera: d hasta los últimos 2 ptos, ppt. (21/27 ptos)
Repetir las últimas 2 hileras una vez más. (20/26 ptos)
Próxima hilera: 2pjd, d hasta el final. (19/25 ptos)
Cerrar los ptos.

Con el DL mirando a la tejedora y usando A, levantar y tejer 23(29) a lo largo del borde inferior del lado de la mano izquierda hacia el segundo imperdible.
Tejer al d 4 hileras.
Próxima hilera: d hasta los 2 últimos ptos, ppt. (22/28 ptos)
Próxima hilera: 2pjd, d hasta el final de la hilera (21/27 ptos)
Repetir las últimas 2 hileras una vez más. (20/26 ptos)
Próxima hilera: d hasta los 2 últimos ptos, ppt (19/25 ptos)
Cerrar los ptos.

Pico
Usando ag US 3 (3.25 mm) y C, montar 8 ptos.
Hil 1: 2pjd, 4d, ppt. (6 ptos)
Hil 2 y todas las hileras del RL hasta que se indique lo contario: r.
Hil 3 (DL): 2pjd, 2d, ppt. (4 ptos)
Hil 5 (DL): 2pjd, ppt. (2 ptos)
Hil 6 (RL): 2pjr. (1 pto)
Cortar la hebra y pasarla a través del pto restante.

Terminación
Para información general acerca de cómo coser el gorro, ver págs. 104-107.
Con el DL hacia afuera, coser el penachito de la parte superior del gorro. Coser el gorro por la parte de atrás usando la técnica de la costura aplanada (ver pág 104).

En el borde inferior del gorro, tejer una terminación al crochet (ver pág 107) justo sobre los bordes internos cortos de la parte inferior del gorro.

Usando D, bordar un pequeño espiral en pto cadena (ver pág 106) para cada ojo. Usando una hebra separada de D, trabajar 3 ptos rectos arriba de cada ojo para formar las pestañas.

Aplicar el pico en su lugar.

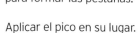

buzzy la abejita

Convierta al bebé de su vida en una abejita amistosa con este entrañable gorro negro y amarillo. Con el puño que se enrolla, vístalo más abajo para alejar el viento en los días más fríos. O enróllelo apenas hacia arriba para un look alegre cuando el tiempo no esté tan inclemente. Y para completar el look abejorro, ¿por qué no tejer las botitas que hacen juego de la pág 22?

Hilado

1 ovillo de 1³/₄ oz (50 g) - aprox 127 yds (116m) - Sublime Extra Fine Merino en color 13 Jet Black (A)
1 ovillo de 3½ oz (100 g) - aprox 262 yds (240 m) - Katia Merino Blend en color 19 Gold (B)
Pequeñas cantidades de Sirdar Country Style DK en color 411 Cream (C) y color 473 Slate (D)

Además necesitará

Ag de tejer US 5 (3.75 mm)
Aguja de coser lana
Aguja de bordar de ojo grande

Medidas

0-6 meses (6-12 meses)

Medidas reales

Aprox 12 pulg/30cm (13¼ pulg/35cm) de circunferencia.

Muestra

24 ptos y 28 hil = un cuadrado de 4 pulg/10cm usando ag US 5 (3.75 mm) en pto jersey derecho

Nota

Antes de comenzar a tejer, preparar un pequeño ovillo en color B de 3½ yds (3m) de largo.

Gorro

(hacer 1)

Usando ag US 5 (3.75 mm) y color A, montar 72 (84) ptos.
Trabajar 8 (10) hileras en pto jersey empezando con una hilera al d.
Unir el color B.
Próxima hilera: 30 (36) d en B del ovillo principal, 12 d en A, 30 (36) d en B del pequeño ovillo.
Próxima hilera: 30 (36) r en B, 12 r en A, 30 (36) r en B.
Repetir las 2 últimas hileras una vez más.
Usando A, trabajar 4 hileras en jersey empezando con una hilera al d.
Próxima hilera: 32 (38) d en B, 8 d en A, 32 (38) d en B.
Próxima hilera: 33 (39) r en B, 6 r en A, 33 (39) r en B.
Cortar la lana del pequeño ovillo de B, y continuar tejiendo el resto del gorro con la lana del ovillo principal.
Usando B, trabajar 2 hileras en pto jersey, comenzando con una hilera al d.
Usando A, trabajar 4 hileras en pto jersey, comenzando con una hilera al d.
Usando B, trabajar 4 hileras en pto jersey, comenzando con una hilera al d.
Para un gorro más alto, repetir las últimas 8 hileras una vez más para agregar 2 rayas extras.

Tamaño grande únicamente:
Usando A, trabajar 2 hileras en jersey, comenzando con una hilera al d.
Próxima hilera: 6d, [2pjd, 12d] 3 veces; [ppt, 12d] 2 veces, ppt, 6d (78 ptos)
Próxima hilera: r.
Próxima hilera: Usando B, 5d, [desl1, 2pjd, pasar el desl sobre los ptos tejidos juntos, 10d] 5 veces, desl1, 2pjd, pasar el desl sobre los ptos tejidos juntos, 5d. (66 ptos)

Tamaño pequeño únicamente:
Usando A, trabajar 4 hileras en pto jersey, comenzando con una hilera al d.
Próxima hilera: Usando B, 5d, [2pjd, 10d] 3 veces, [ppt, 10d] dos veces, ppt, 5d. (66 ptos)

Ambos tamaños:

Próxima hilera y todas las hileras del RL: r, usando el mismo color de lana de la hilera previamente trabajada.

Próxima hilera del DL: Usando B, 4d, [desl1, 2pjd, pasar el desl sobre los ptos tejidos juntos, 8d] 5 veces, desl1, 2pjd, pasar el desl sobre los ptos tejidos juntos, 4d. (54 ptos)

Próxima hilera del DL: Usando A, 3d, [1d, 2pjd, pasar el pto tejido sobre los ptos tejidos juntos, 6d] 5 veces, 2pjd, pasar el pto tejido sobre los ptos tejidos juntos, 3d. (42 ptos)

Próxima hilera del DL: Usando A, 2d, [desl1, 2pjd, pasar el desl sobre los ptos tejidos juntos, 4d] 5 veces, desl1, 2pjd, pasar el desl sobre los ptos tejidos juntos, 2d. (30 ptos)

Próxima hilera del DL: Usando B, 1d, [1d, 2pjd, pasar el tejido sobre los ptos tejidos juntos, 2d] 5 veces, 1d, 2pjd, pasar el pto sobre los ptos tejidos juntos, 1d. (18 ptos)

Próxima hilera del DL: Usando B, [2pjd] 9 veces. (9 ptos)

Próxima hilera del DL: Usando A, [2pjd] dos veces, 1d, [2pjd] dos veces. (5 ptos)

Usando A, trabajar 9 hileras en pto jersey derecho comenzando con una hilera al r.
Cerrar los ptos.

Terminación

Para información general acerca de cómo coser el gorro, ver págs. 104-107.

Con el DL (derecho del gorro) mirando hacia afuera, coser el penachito de la parte superior del gorro, usando A.
Utilizando el mismo hilado, coser el gorro por la parte de atrás usando la técnica de la costura aplanada (ver pág 104).

Usando C, bordar un pequeño círculo en pto cadena (ver pág 106) para cada ojo. Usando A, trabajar 1 nudo francés (ver pág 106) en el centro de cada ojo para formar las cejas.

Usando D, bordar las antenas en pto cadena.

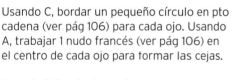

El gorro puede realizarse para que quede más ajustado, como en la versión de la izquierda, o un poco más largo, como se muestra en el bebé. Para hacer un gorro más largo, necesitará una raya extra de color negro (A) y amarillo (B) donde lo indica el patrón.

Tip

buzzy la abejita, botitas

Estas suaves botitas rayadas en negro y amarillo con sus alitas de mohair son el calzado ideal para mantener los dedos calentitos en los días fríos. Con sus empeines rayados, usted puede estar segura que permanecerán en los pies pequeños. Y mientras sus agujas estén listas, no olvide de combinar estas botitas con el encantador gorro de abejita de la pág 20.

Hilado

1 ovillo de 1¾ oz (50 g) – aprox 127 yds (116m) – Sublime Extra Fine Merino en color 13 Jet Black (A)
1 ovillo de 3½ oz (100 g) – aprox 262 yds (240 m) – Katia Merino Blend en color 19 Gold (B)
Pequeñas cantidades de Debbie Bliss Angel en color 1 White (C)

Además necesitará

Ag de tejer US 3 (3.25 mm) y US 5 (3.75 mm)
Aguja de coser lana
2 sostenedores de ptos o imperdibles grandes

Medidas

0-6 meses (6-12 meses)

Medidas reales

Aprox 3¾ pulg /9.5 cm (4¼ pulg/11cm) de largo de suela.

Muestra

26 ptos y 40 hil = un cuadrado de 4 pulg/10cm usando ag US 3 (3.25 mm) en pto jersey derecho

Botitas

(hacer 2)

Usando ag US 3 (3.25mm) y A, montar 34 (38) ptos.
Hil 1: [2d, 2r] hasta los últimos 2 ptos, 2d.
Hil 2: [2r, 2d] hasta los últimos 2 ptos, 2r.
Repetir las últimas 2 hileras 11 (13) veces más.
Cortar la lana.
Colocar los primeros 10 (11) ptos en el primer sostenedor de ptos. o imperdible. Unir B, tejer 14 (16) d. Colocar los restantes 10 (11) ptos en el segundo sostenedor de ptos. o imperdible.
Continuar trabajando solamente con los 14 (16) ptos de la aguja.
Próxima hilera: Usando B, tejer al r.
Usando A, trabajar 2 hileras en pto jersey comenzando con una hilera al d.
Repetir las últimas 4 hileras 2(3) veces más, manteniendo el patrón de 2 hileras en B y 2 hileras en A.
Usando B, trabajar 2 hileras en pto jersey comenzando con una hilera al d.
Cortar B y tejer lo que queda de la botita en A solamente.
Próxima hilera: 1d, 2pjd, 8 (10d), ppt, 1d. (12/14 ptos)
Próxima hilera: d.
Próxima hilera: 1d, 2pjd, 6 (8) d, ppt, 1d. (10/12 ptos)
Tamaño grande únicamente:
  Próxima hilera: 2pjr, 8 r, 2pjr. (10 ptos)
  Próxima hilera: d.
  Ambos tamaños:
  Próxima hilera: r.
  Próxima hilera: 1d, 2pjd, 4d, ppt, 1d. (8ptos)
  Próxima hilera: 2pjr, 4 r, 2pjr. (6 ptos)
    Cortar la lana y y dejar estos ptos en la aguja (formarán la punta del pie).
    Comenzando en el borde del talón y con el DL mirando a la tejedora, tejer 10 (11) d del primer sostenedor de ptos (es más fácil si los transfiere antes a una aguja adicional), levantar 11 (13) ptos espaciados uniformemente de un lado del pie de la botita, tejer 6 ptos al d de la aguja, levantar 11 (13) ptos espaciados uniformemente a lo largo del otro lado, luego tejer 10 (11) d del segundo sostenedor de ptos. (48/54 ptos)

Tejer 7 hileras al d.

Suela
Próxima hilera: d.
Próxima hilera: r.
Tamaño grande únicamente:
Próxima hilera: 2pjd, tejer al d hasta los últimos 2 ptos, ppt. (52 ptos)
Próxima hilera: 2pjr, 22 r, [2pjr] dos veces, 22r, 2pjr. (48 ptos)
Ambos tamaños:
Próxima hilera: 2pjd, 20d, ppt, 2pjd, 20d, ppt. (44 ptos)
Próxima hilera: 2pjr, 18r, [2pjr] dos veces, 18 r, 2pjr. (40 ptos)
Próxima hilera: 2pjd, 16d, ppt, 2pjd, 16d, ppt. (36 ptos)
Próxima hilera: 2pjr, 14r, [2pjr] dos veces, 14 r, 2pjr. (32 ptos)
Cerrar los ptos.

Alitas
(hacer 2)
Usando ag US 5 (3.75mm) y C, montar 4 ptos.

Hilera 1: [1aum, 1d] dos veces. (6 ptos)
Hilera 2: r.
Hilera 3: 1aum, 3d, 1aum, 1d. (8ptos)
Trabajar 11 hileras en pto jersey derecho comenzando con una hilera al d.
Hilera 15: 2pjd, 4d, ppt. (6 ptos)
Hilera 16: r.
Hilera 17: 2pjd, 4d, ppt. (4 ptos)
Cerrar los ptos al d en el RL.

Terminación
Usando A, coser el talón y la parte trasera utilizando la técnica de la costura aplanada (ver pág 104).

Enfrentando los derechos de la botita, realizar una costura sobre el borde de la suela. Pasar las colitas de las alas a través del empeine en la parte central y usarlas para sostenerlas en la parte superior.

Capítulo 2

Gorros calentitos para niños lindos

hoot la lechuza

Con sus alitas para mantener las orejas de los pequeños super calentitas, esta lechuza adorable se verá perfecta sobre la cabeza de cualquier niño a la moda. Está tejida en una lana gruesa tipo tweed que se parece al plumaje de la lechuza. El borde del ojo está ingeniosamente tejido usando una versión muy especial del pto Santa Clara. Puede tejer su propio gorro de lechuza con una colorida combinación de lanas como se muestra aquí, o elija lana en colores naturales para un look más real.

Hilado

1(2) ovillo(s) de 1¾ oz (50 g) – cada uno aprox 81 yds (75m) –Sirdar Connemara Chunky en color 352 Homestead (A)

Pequeñas cantidades de Sirdar Country Style DK en color 411 Cream (B), color 527 Rosehip (C) y color 417 Black (D)

Pequeñas cantidades de Debbie Bliss Rialto DK en color 44 Aqua (E)

Pequeñas cantidades de Wendy Merino DK en color 2370 Fuchsia (F)

Además necesitará

Ag de tejer US 9 (5.5 mm) y US 3 (3.25 mm)

Aguja de crochet medida US 7 (4.5 mm) o tamaño similar

Aguja de coser lana

Aguja de bordar de ojo grande

Medidas

3-10 años (+ de 11 años)

Medidas reales

Aprox 15½ pulg /40cm (19 pulg/48cm) de circunferencia

Muestra

16 ptos y 22 hil = un cuadrado de 4 pulg/10cm usando ag US 9 (5.5 mm) en pto jersey derecho.

Gorro básico

(hacer 1)

Usando agujas de tejer US 9 (5.5 mm) y A, montar 64 (76) ptos.

Trabajar 30 (34) hileras en pto jersey derecho comenzando con una hilera al d.

Cerrar los ptos.

Orejeras

(hacer 2)

Con el DL mirando a la tejedora y usando US 9 (5.5 mm) y A, levantar y tejer 12 (14) ptos a lo largo de la línea de montado de ptos para la primera orejera.

Trabajar 3 hileras en pto jersey derecho comenzando con una hilera al r.

Tamaño grande únicamente:

Hilera 3: 1d, 2pjd, d hasta los últimos 3 ptos, ppt, 1d. (12 ptos)

Trabajar 3 hileras en pto jersey derecho comenzando con una hilera al r.

Ambos tamaños:

Próxima hilera: 1d, 2pjd d hasta los últimos 3 ptos, ppt, 1d. (10 ptos)

Trabajar 3 hileras en pto jersey derecho comenzando con una hilera al r.

Repetir las últimas 4 hileras una vez más. (8 ptos)

Próxima hilera: 1d, 2pjd 2d, ppt, 1d (6ptos)

Próxima hilera: r.

Próxima hilera: 1d, 2pjd, ppt, 1d. (4 ptos)

Próxima hilera: [2pjr] dos veces. (2 ptos)

Próxima hilera: 2pjd. (1 pto)

> Antes de levantar los puntos para las orejeras, doblar la pieza básica el gorro, de manera que los lados más cortos se encuentren en el centro. Colocar un pequeño imperdible a cada lado del gorro sobre la hilera del montaje de puntos para marcar el centro de cada orejera. Levantar el mismo número de puntos de cada lado del marcador para cada una de ellas.

Tip

Próxima hilera: [2pjr] dos veces. (2 ptos)
Próxima hilera: 2pjd. (1 pto)
Cortar la lana y pasarla a través del pto restante.
Trabajar la segunda orejera de la misma manera.

Borlas

Cortar 12 hebras de 2³/₄ pulg (7cm) en A, más 2 hebras de 8 pulg (20 cm) del mismo color para atar y rematar las borlas.
Doblar las hebras más cortas de lana en dos grupos de 6 hebras cada uno y atarlas en el centro usando las hebras más largas.

Parte blanca del ojo

(hacer 2)
Usando ag de tejer US 3 (3.25 mm) y B, montar 5 ptos.
Hilera 1: aum1, d hasta los últimos 2 ptos, aum1, 1d. (7 ptos)
Hilera 2: r.
Repetir las hileras 1-2 tres veces más. (13 ptos)
Hilera 9: 1d, 2pjd, d hasta los últimos 3 ptos, ppt, 1d. (11 ptos)
Hilera 10: r.
Repetir las hileras 9-10 dos veces más. (7 ptos)
Hilera 15: 1d, 2pjd, 1d, ppt, 1d. (5 ptos)
Cerrar los ptos al d en una hilera del RL.

Parte celeste del ojo

(hacer 2)
Esta parte está tejida con pto Santa Clara extendido (ver pág 98)
Usando agujas US 3 (3.25 mm) y E, montar 28 ptos.
Hilera 1: d.
Hilera 2: d, pero envolver la lana 3 veces en la aguja para cada pto, en lugar de hacerlo sólo una vez.

Hilera 3: d.
Cerrar los ptos.

Pico

(hacer 1)
Usando agujas US 3 (3.25 mm) y C, montar 10 ptos.
Trabajar 2 hileras en pto jersey comenzando con una hilera al d.
Hilera 3: 2pjd, d hasta los 2 últimos ptos, ppt. (8 ptos)
Hilera 4: r.
Repetir las hileras 3 - 4 dos veces más. (4 ptos)
Hilera 9: 2pjd, ppt. (2 ptos)
Hilera 10: 2pjr. (1 pto)
Cortar la lana y pasarla a través del pto restante.

Terminación

Para información general acerca de cómo coser el gorro, ver págs. 104-107.
Coser el gorro por la parte de atrás usando la técnica de la costura aplanada (ver pág 104).
Coser las orejitas (borlas) de la lechuza en el lugar adecuado usando las hebras que atan las mismas, recortándolas a 7cm y abriendo las hebras usando la punta de una aguja para separarlas.
Aplicar el pico y la parte blanca del ojo en su lugar y usando D, bordar un pequeño círculo en pto cadena (ver pág 106) para el centro de cada ojo. Doblar las partes tejidas en celeste por la mitad a lo largo, cosiendo la línea del montaje con la línea del cerrado de ptos y aplicarlos alrededor de los ojos.
Usando la aguja de crochet y la lana de color F doble, trabajar una terminación (ver pág 107) alrededor de todo el borde inferior del gorro, comenzando y terminando en la costura trasera.

ribbit la rana

Esta particular rana es hermosamente suave y calentita, no fría y pegajosa - afortunadamente - como en la vida real. Con sus ojos saltones y al acecho de algún bocadillo volador inesperado, el gorro de la rana está tejido en una lana suave en color verde lima. Pero si su gusto es un poquito más tropical, pruebe tejiéndolo en un azul brillante o en un profundo carmesì.

Hilado

2 x ovillo(s) de 1¾ oz (50 g) - cada uno aprox 98 yds (90m) - Patons Fairytale Dreamtime DK, en color 4952 Lime (A)
Pequeñas cantidades de Sirdar Country Style DK en color 473 Slate (B) y color 412 White (C)
Pequeñas cantidades de vellón para rellenar

Además necesitará

Ag de tejer US 5 (3.75 mm) y US 3 (3.25 mm)
Aguja de crochet medida US D-3 (3.25 mm)
Aguja de coser lana
Aguja de bordar de ojo grande
2 imperdibles pequeños

Medidas

1-3 años (4 5 años)

Medidas reales

Aprox 14½ pulg/ 37cm (15½ pulg/39 cm) de circunferencia.

Muestra

23 ptos y 30 hil = un cuadrado de 4 pulg/ 10cm usando ag US 5 (3.75 mm) en pto jersey derecho.

Gorro básico

(hacer 1)

Usando agujas de tejer US 5 (3.75 mm) y A, montar 16 ptos.
Hilera 1: 1aum, d hasta los últimos 2 ptos, 1aum, 1d. (18 ptos)
Hilera 2: 1aumr, r hasta los últimos 2 ptos, 1aumr, 1r. (20 ptos)
Repetir las hileras 1 - 2 dos veces más. (24 ptos)
Hilera 7: montar 30 (33) ptos, d hasta el final. (54/57 ptos)
Hilera 8: montar 30 (33) ptos, r hasta el final. (84/90 ptos)
Colocar un imperdible en el pto nro 26 (29) en cada uno de los bordes.
Trabajar 30 (32) hileras en pto jersey derecho comenzando con una hilera del d.
Tamaño grande únicamente:
Hilera 41: 4d, [2pjd, 14d] 5 veces, 2pjd, 4d. (84 ptos)
Hilera 42: r.
Ambos tamaños:
Próxima hilera: 6d, [2pjd, 12d] 5 veces, 2pjd, 6d. (78 ptos)
Próxima hilera y cada hilera del RL hasta que se indique lo contrario: r.
Próxima hilera del DL: 5d, [desl1, 2pjd, pasar el pto desl sobre el los ptos tejidos juntos, 10d] 5 veces, desl 1, 2pjd, pasar el pto desl sobre el los ptos tejidos juntos, 5d. (66 ptos)
Próxima hilera del DL: 4d, [desl1, 2pjd, pasar el pto desl sobre el los ptos tejidos juntos, 8d] 5 veces, desl 1, 2pjd, pasar el pto desl sobre el los ptos tejidos juntos, 4d. (54 ptos)
Próxima hilera del DL: 3d, [desl1, 2pjd, pasar el pto desl sobre el los ptos tejidos juntos, 6d] 5 veces, desl 1, 2pjd, pasar el pto desl sobre el los ptos tejidos juntos, 3d. (42 ptos)
Próxima hilera del DL: 2d, [desl1, 2pjd, pasar el pto desl sobre el los ptos tejidos juntos, 4d] 5 veces, desl 1, 2pjd, pasar el pto desl sobre el los ptos tejidos juntos, 2d. (30 ptos)
Próxima hilera del DL: 1d, [desl1, 2pjd, pasar el pto desl sobre el los ptos tejidos juntos, 2d] 5 veces, desl 1, 2pjd, pasar el pto desl sobre el los ptos tejidos juntos, 1d. (18 ptos)

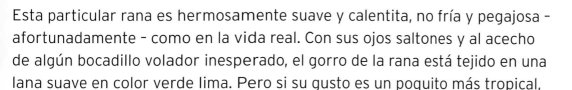

Próxima hilera (RL): [2pjr] hasta el final. (9 ptos)
Cortar la lana, pasar la hebra entre los ptos restantes, tirar suave pero firmemente y esconder la hebra.
Con el DL mirando a la tejedora y usando color A, levantar y tejer al d 26 (29) ptos a lo largo del borde inferior desde la derecha hacia el primer imperdible.
Trabajar 2 hileras en pto jersey derecho comenzando con una hilera al r.

Próxima hilera: r hasta los últimos 2 ptos, 2pjr. (25/28 ptos)
Próxima hilera: 2pjd, d hasta el final. (24/27 ptos)
Próxima hilera: r hasta los últimos 2 ptos, 2pjr. (23/26 ptos)
Repetir las 2 últimas hileras dos veces más. (19/22 ptos)
Cerrar los ptos.

Con el DL mirando a la tejedora y usando A, levantar y tejer al d 26 (29) ptos a lo largo del borde inferior desde el segundo imperdible hacia el borde izquierdo.
Trabajar 2 hileras en pto jersey derecho comenzando con una hilera al r.
Próxima hilera: 2pjr, r hasta el final. (25/28 ptos)
Próxima hilera: d hasta los últimos 2 ptos, ppt. (24/27 ptos)
Próxima hilera: 2pjr, r hasta el final. (23/26 ptos)
Repetir las 2 últimas hileras dos veces más. (19/22 ptos)
Cerrar los ptos.

Ojos
(hacer 2)
Usando agujas US 3 (3.25 mm) y A, montar 26 ptos.
Hilera 1: d.
Hilera 2: [2pjr] hast el final. (13 ptos)
Hilera 3: d.
Hilera 4: [2pjr] 3 veces, 1d, [2pjr] 3 veces. (7 ptos)
Cortar la lana, pasar la hebra entre los ptos restantes, tirar suave pero firmemente y esconder la hebra.

Terminación
Para información general acerca de cómo coser el gorro, ver págs. 104-107.
Coser el gorro por la parte de atrás usando la técnica de la costura aplanada (ver pág 104).
Darle forma de tacita a los ojos con el DL hacia adentro y coser ambas piezas para formar el ojo. Dar vuelta del lado del DL. Rellenar con un poco de vellón y coser al gorro en su lugar.
Usando B, bordar un pequeño círculo en pto cadena (ver pág 106) para el centro de cada ojo. Usando C, bordar un círculo en pto cadena alrededor de cada ce ntro del ojo.
Usando B, trabajar los orificios nasales y la boca en pto cadena.
Usando la aguja de crochet y A, trabajar una terminación (ver pág 107) alrededor de todo el borde inferior del gorro, comenzando y terminando en la costura trasera.

prickle el erizo

Este gorro del pequeño y espinoso mamífero está hecho en un punto sencillo de motas que es muy fácil de tejer. Con los ojos bordados con mostacillas y un hermoso hocico redondo, esta versión tejida del famoso visitante de los jardines garantiza que sea suave y mimoso – y 100 % libre de mosquitas molestas que aman a este animalito en la vida real.

Gorro
(hacer 1)
Usando agujas US 9 (5.5 mm) y A, montar 8 ptos con la lana doble.
Hilera 1: 1aum, d hasta los últimos 2 ptos, 1aum, 1d. (10 ptos)
Hilera 2: r.
Repetir las hileras 1-2 dos veces más. (12 ptos)
Hilera 5: montar 6 ptos con A, montar 21 (27) ptos con el ovillo nro 1 de B, tejer al d 21 (27) ptos con B, 18 d con A (39/45 ptos)
Hilera 6: montar 6 ptos con A, montar 21 (27) ptos con el ovillo nro 1 de B, tejer al r 21 (27) ptos con B, 18 r con A, tejer al r 21 (27) ptos con B. (66/78 ptos)

Hilado
1 ovillo de ³/₄ oz (25 g) – cada uno aprox 170 yds (155m) – Sirdar Country Style DK en color 409 Naturelle (A)
1(2) ovillo(s) de 1 ³/₄ oz (50 g) – cada uno aprox 170 yds (155m) – Sirdar Country Style DK en color 477 Mink (B)
Pequeñas cantidades de Sirdar Country Style DK en color 417 Black (C

Además necesitará
Ag de tejer US 9 (5.5 mm) y US 3 (3.25 mm)
Aguja de crochet medida US 7 (4.5 mm)
Aguja de coser lana
Aguja de bordar de ojo grande

Medidas
3-10 años (+ de 11 años)

Medidas reales
Aprox 16 pulg /41cm (19¹/₂ pulg/49 cm) de circunferencia.

Muestra
16 ptos y 21 hil = un cuadrado de 4 pulg/10 cm usando ag US 9 (5.5 mm) en pto jersey derecho con hilado doble

Abreviatura especial
HM (hacer mota) – 1d, 1r, 1d todo en el próximo pto, girar la labor, 3r, girar la labor nuevamente, desl1, 2pjd, pasar el pto desl sobre los 2 ptos tejidos juntos (queda tejida 1 mota)
dismM (disminuir mota) – 2pjd, [1r, 1d] en el mismo pto, girar la labor, 3r, girar la labor nuevamente, desl1, 2pjd, pasar el pto desl sobre los 2 ptos tejidos juntos.

Nota
Antes de comenzar a tejer, preparar 2 ovillos de B, el ovillo nro 1 debe tener 12 yds (11 m) de lana doble y el ovillo nro 2 debe tener 1 yd (0.9 m) de lana doble.

Trabajar 2 hileras en pto jersey derecho comenzando con una hilera al r y continuando con A/B como se indica.

Tamaño grande únicamente:

Hilera 9: 4d, [HM, 3d] 5 veces, HM, 2d en B, 24d en A; 2d [HM, 3d] 5 veces, HM, 4d en B.

Hilera 10: 27r en B, 24r en A, 27r en B.

Hilera 11: 2d, [HM, 3d] 5 veces, HM, 4d en B, 24d en A; 4d [HM, 3d] 5 veces, HM, 2d en B.

Hilera 12: 27r en B, 24r en A, 27r en B.

Repetir las hileras 9 – 12 una vez más.

Hilera 17: 4d, [HM, 3d] 5 veces, HM, 2d en B, 24d en A; 2d [HM, 3d] 5 veces, HM, 4d en B.

Hilera 18: 27r en B, 24r en A, 27r en B.

Hilera 19: 2d, [HM, 3d] 5 veces, HM, 4d en B, 24d en A; 4d [HM, 3d] 5 veces, HM, 2d en B.

Hilera 20: 29r en B, 20r en A, 29r en B.

Hilera 21: 4d, [HM, 3d] 5 veces, HM, 5d en B, 18d en A; 5d [HM, 3d] 5 veces, HM, 4d en B.

Hilera 22: 31r en B, 16r en A, 31r en B

Hilera 23: 2d, [HM, 3d] 6 veces, HM, 5d en B, 14d en A; 5d [HM, 3d] 6 veces, HM, 2d en B.

Hilera 24: 33r en B, 5r en A, unir el ovillo nro 2 de B, 2r en B; 5r en A, 33r en B.

Hilera 25: 4d, [HM, 3d] 6 veces, HM, 5d en B, 3d en A; 4d en B, 3d en A; 5d [HM, 3d] 6 veces, HM, 4d en B.

Cortar la lana de color A y continuar solamente con B.

Próxima hilera y todas las hileras del RL hasta indicar lo contario: r.

Hilera 27(DL): 2d, [HM, 3d] 9 veces, 2pjd, [3d, HM] 9 veces, 2d. (77 ptos)

Tamaño pequeño únicamente:

Hilera 9: 2d, [HM, 3d] 4 veces, HM, 2d en B, 24d en A; 2d [HM, 3d] 4 veces, HM, 2d en B.

Hilera 10: 21r en B, 24r en A, 21r en B.

Hilera 11: 4d, [HM, 3d] 3 veces, HM, 4d en B, 24d en A; 4d [HM, 3d] 3 veces, HM, 4d en B.

Hilera 12: 21r en B, 24r en A, 21r en B.

Hilera 13: 2d, [HM, 3d] 4 veces, HM, 2d en B, 24d en A; 2d [HM,

3d] 4 veces, HM, 2d en B.

Hilera 14: 21r en B, 24r en A, 21r en B.

Hilera 15: 4d, [HM, 3d] 3 veces, HM, 5d en B, 22d en A; 5d [HM, 3d] 3 veces, HM, 4d en B.

Hilera 16: 23r en B, 20r en A, 23r en B.

Hilera 17: 2d, [HM, 3d] 4 veces, HM, 5d en B, 18d en A; 5d [HM, 3d] 4 veces, HM, 2d en B.

Hilera 18: 25r en B, 16r en A, 25r en B.

Hilera 19: 4d, [HM, 3d] 4 veces, HM, 5d en B, 14d en A; 5d [HM, 3d] 4 veces, HM, 4d en B.

Hilera 20: 27r en B, 5r en A, unir el ovillo nro 2 de B, 2r en B; 5r en A, 27r en B.

Hilera 21: 2d, [HM, 3d] 5 veces, HM, 5d en B, 3d en A; 4d en B, 3d en A; 5d [HM, 3d] 5 veces, HM, 2d en B.

Cortar la lana de color A y continuar solamente con B.

Próxima hilera y todas las hileras del RL hasta indicar lo contario: r.

Hilera 23: 4d, [HM, 3d] 6 veces, 4d, 2pjd, 7d, [HM, 3d] 6 veces, 1d. (65 ptos)

Ambos tamaños:

Próxima hilera del DL: 2 (4) d, [HM, 3d] hasta los últimos 3(5) ptos, HM, 2 (4) d.

Próxima hilera del DL: 4 (2) d, [HM, 3d] hasta los últimos 5(3) ptos, HM, 4 (2) d.

Próxima hilera del DL: 2 (4) d, [HM, 3d] hasta los últimos 3(5) ptos, HM, 2 (4) d.

Tamaño grande únicamente:

Hilera 35 (DL): 4d, HM, [2pjd, 1d, HM] 8 veces, 3d, [HM, 1d, ppt] 8 veces, HM, 4d. (61 ptos)

Hilera 37 (DL): 2d, [dismM, 1d] 9 veces, 1d, HM, 1d [1d, dismM] 9 veces, 2d. (43 ptos)

Hilera 39 (DL): 4d, [dismM, 2d] 4 veces, 3d, [2d, dismM] 4 veces, 4d. (35 ptos)

Tamaño pequeño únicamente:

Hilera 31 (DL): 4d, HM, [2pjd, 1d, HM] 6 veces, 3d, HM, 3d, [HM, 1d, ppt] 6 veces, HM, 4d. (53 ptos)

Hilera 33 (DL): 2d, HM, 2d, [dismM, 1d] 6 veces, 1d, HM, 3d, HM, 2d, [dismM, 1d] 6 veces, 1d, 1aum, 2d. (41 ptos)

Hilera 35 (DL): 4d, HM, 1d, [dismM, 1d] 3 veces, 1d, HM, 3d, HM, 3d, HM, 2d [dismM, 1d] 3 veces, HM, 4d. (35 ptos)

Ambos tamaños:

Próxima hilera (RL): [2pjr] 8 veces, 3r, [2pjr] 8 veces. (19 ptos)

Próxima hilera: 1d, [2pjd] 4 veces, 1d, [ppt] 4 veces, 1d. (11 ptos)

Próxima hilera: [2pjr] 2 veces, 3r, [2pjr] 2 veces. (7 ptos)

Cortar la lana, dejando una hebra larga.

Pasar la hebra entre los ptos restantes, tirar suave pero firmemente y esconder la hebra.

Orejas

(hacer 2)

Usando agujas US 3 (3.25 mm) y A, montar 10 ptos.

Trabajar 6 hileras en pto jersey comenzando con una hilera al d.

Hilera 7: 1d, 2pjd, d hasta los últimos 3 ptos, ppt, 1d. (8 ptos)

Hilera 8: r.

Repetir las hileras 7-8 una vez más. (6 ptos)

Hilera 11: 1d, 2pjd, ppt, 1d. (4d)

Hilera 12: [2pjr] dos veces. (2 ptos)

Hilera 13: [1aum] dos veces. (4 ptos)

Hilera 14: aum1r, r hasta los últimos 2 ptos, aum1r, 1r. (6 ptos)

Hilera 15: d.

Repetir las hileras 14-15 dos veces más. (10 ptos)

Trabajar 4 hileras en pto jersey derecho comenzando con una hilera al r.

Cerrar los ptos.

Terminación

Para información general acerca de cómo coser el gorro, ver págs. 104-107.

Coser el gorro por la parte de atrás usando la técnica de la costura aplanada (ver pág 104).

Doblar las orejas al medio a lo ancho, enfrentando los DL. Coser los lados redondeados.

Dar vuelta las orejas al DL y coser los bordes inferiores. Colocar las orejas en su lugar y formar un pequeño pliegu en el frente al mismo tiempo que se cose.

Usando C, bordar un pequeño círculo en pto cadena para cada ojo (ver pág 106).

Usando C, bordar un círculo más grande en pto cadena para el hocico.

Usando la aguja de crochet y A, realizar una terminación (ver pág 107) alrededor de todo el borde inferior del gorro, comenzando y terminando en la costura trasera.

savannah la cebra

Con sus llamativas y monocromáticas rayas, la cebra es el diseño más clásico de la llanura africana. Este gorro puede convertir a su dueño en salvaje! Vea los muñequeras haciendo juego en la pág 37.

Hilado

1 ovillo de 1³/₄ oz (50 g) - cada uno aprox 109 yds (100m) - Sirdar Country Style DK en color 417 Black (A)

1 ovillo de 1³/₄ oz (50 g - cada uno aprox 109 yds (100m) - Sirdar Country Style DK en color 412 White (B)

Pequeñas cantidades de Sirdar Country Style DK en color 400 Silver gray (C)

Pequeñas cantidades de Katia Merino Blend DK en color 25 Pale Pink (D)

Además necesitará

Ag de tejer US 9 (5.5 mm)
Aguja de crochet medida US 7 (4.5 mm)
Aguja de coser lana
Aguja de coser
2 imperdibles pequeños

Medidas

3-10 años (+ de 11 años)

Medidas reales

Aprox 15½ pulg /39 cm (18 pulg/ 46 cm) de circunferencia.

Muestra

17 ptos y 21 hil = un cuadrado de 4 pulg/10cm usando ag US 9 (5.5 mm) en pto jersey derecho y lana doble

Nota

Antes de comenzar a tejer, preparar 2 ovillos separados de color A, el ovillo nro 1 debe tener 1 yd (1 m) de lana doble y el ovillo nro 2 debe tener ½ yd (0.5 m) de lana doble. Preparar otro ovillo aparte de color B (ovillo 3), consistente en 3 yds (3 m) de lana doble.

Se utiliza lana doble para tejer este gorro.

Gorro

(hacer 1)

Usando agujas US 9 (5.5 mm) y A del ovillo básico, montar 66 (78) ptos con la lana doble.

Trabajar 4 hileras en pto jersey derecho con una hilera al d. Cortar A.

Hilera 5: Unir el ovillo nro 3 de B, 28 (34) d, unir el ovillo nro 1 de A, 10d; unir el ovillo principal de B, 28 (34) d.

Trabajar 3 hileras en pto jersey derecho comenzando una hilera al r, manteniendo el esquema de colores B/A según se indica.

Apartar B, volver a unir el ovillo principal de A y trabajar 4 hileras en pto jersey derecho comenzando con una hilera al d.

Hilera 13: 29 (35) d en B, unir el ovillo 2 de A, 8d, 29 (35) d en B.

Hilera 14: 31 (37) r en B, 4r en A, 31 (37) r en B.

Cortar la lana del ovillo 2 de A.

Trabajar 2 (4) hileras en pto jersey derecho en B, comenzando con una hilera al d.

Trabajar 4 hileras en pto jersey en A, comenzando una hilera al d.

Trabajar 4 (6) hileras en pto jersey en B, comenzando con una hilera al d.

Tamaño grande únicamente:

Hilera 29: continuar con B, 5d, [desl1, 2pjd, pasar el pto desl sobre los ptos tejidos juntos, 10d] 5 veces, desl1, 2pjd, pasar el pto desl sobre los ptos tejidos juntos, 5d. (66 ptos)

Hilera 30: r.

Ambos tamaños:

Próxima hilera: usando A, 4d, [1d, 2pjd, pasar el pto tejido al

Antes de levantar los puntos para las orejeras, doblar la pieza básica el gorro, de manera que los lados más cortos se encuentren en el centro. Colocar un pequeño imperdible a cada lado del gorro sobre la hilera del montaje de puntos para marcar el centro de cada orejera. Levantar el mismo número de puntos de cada lado del marcador para cada una de ellas.

Tip

d sobre los ptos tejidos juntos, 8d] 5 veces, 1d, 2pjd, pasar el pto tejido sobre los ptos tejidos juntos , 4d. (54 ptos)

Próxima hilera y todas las hileras del RL hasta indicar lo contario: r, usando el mismo color de lana que la hilera previa del DL.

Próxima hilera del DL: continuar con A, 3d, [desl1, 2pjd, pasar el pto desl sobre los ptos tejidos juntos, 6d] 5 veces, desl1, 2pjd, paso el pto desl sobre los ptos tejidos juntos, 3d. (42 ptos)

Próxima hilera del DL: usando B, 2d, [1d, 2pjd, pasar el pto tejido sobre los ptos tejidos juntos , 4d] 5 veces, desl1, 2pjd, paso el pto desl sobre los ptos tejidos juntos, 2d. (30 ptos)

Próxima hilera (DL): 1d, [desl1, 2pjd, paso el pto desl sobre los ptos tejidos juntos, 2d] 5 veces, desl1, 2pjd, pasar el pto desl sobre los ptos tejidos juntos, 1d. (18 ptos)

Próxima hilera (RL): [2pjr] hasta el final. (9 ptos)
Cortar la lana dejando una hebra larga.

Pasar la hebra entre los ptos restantes, tirar suave pero firmemente y esconder la hebra.

Orejeras
(hacer 2)

Con el DL mirando a la tejedora y usando agujas US 9 (5.5 mm) y lana doble en color B, levantar y tejer al d 12 (14 ptos) a lo largo del borde de montaje para la primera orejera.

Trabajar 3 hileras en pto jersey derecho comenzando con una hilera al r.

Dejar B aparte, unir dos hebras de A y trabajar 4 hileras en pto jersey derecho comenzando con una hilera al d.

Dejar A aparte y trabajar 2 hileras en pto jersey derecho con B, comenzando con una hilera al d.

Hilera 10: usando B, 1d, 2pjd, d hasta los últimos 3 ptos, ppt, 1d. (10/12 ptos)

Hilera 11: r (continuar con el color de la hilera previa)

Repetir las ultimas 4 hileras una vez más con A, luego una vez más con B. (6/8 ptos)
Cortar B y continuar con A solamente.
Trabajar 2 hileras en pto jersey derecho comenzando con una hilera al d.
Tamaño grande únicamente:
Hilera 22: 1d, 2pjd, 2d, ppt, 1d. (6 ptos)
Hilera 23: r.
Ambos tamaños:
Próxima hilera: 1d, 2pjd, ppt, 1d. (4 ptos)
Próxima hilera: [2pjr] dos veces. (2 ptos)
Próxima hilera: 2pjd. (1 pto)
Cortar la lana, pasar la hebra por el pto restante.
Trabajar la segunda orejera de la misma manera.

Orejas
(hacer 2)
Usando agujas US 9 (5.5 mm) y B, montar 16 ptos con la lana doble.
Trabajar 2 hileras en pto jersey derecho comenzando con una hilera al d.
Hilera 3: 1d, 2pjd, d hasta los últimos 3 ptos, ppt, 1d. (14 ptos)

Hilera 4: r.
Repetir las hileras 3-4 cuatro veces más. (6 ptos)
Hilera 13: 1d, 2pjd, ppt, 1d. (4 ptos)
Hilera 14: [2pjr] dos veces. (2 ptos)
Hilera 15: 2pjd. (1 pto)
Cortar la lana, pasar la hebra por el pto restante.

Terminación
Para información general acerca de cómo coser el gorro, ver págs. 104-107.
Coser el gorro por la parte de atrás usando la técnica de la costura aplanada (ver pág 104).
Doblar las orejas al medio a lo largo, enfrentando los DL. Coser los costados.
Dar vuelta las orejas al DL y coser los bordes inferiores. Repetir para la segunda oreja. Colocar las orejas en su lugar y coser.
Usando A, trabajar un pequeño espiral en pto cadena (ver pág 106) para el centro de cada ojo.
Usando D, bordar dos pequeños círculos en pto cadena para formar los orificios nasales.
Para las crines, preparar 3 manojos de hebras, cada una consistente en: 16 hebras de A, de 8 pulg/ 20 cm cada una. Preparar otro manojo usando B. Unir los manojos de lana a la parte superior del gorro y hacia atrás, de manera que las rayas blancas tengan crines blancas y las rayas negras tengan crines negras.
Comenzar en la raya de color A entre las orejas. Usar dos manojos de B en la parte superior del gorro donde se encuentra una raya negra doble. Asegurar cada grupo de hebras colocando y cosiendo los grupos con pto atrás.
Usando la aguja de crochet y doble lana en color A, realizar una terminación (ver pág 107) alrededor de todo el borde inferior del gorro, incluyendo las orejeras, comenzando y terminando en la costura trasera.

savannah la cebra,
muñequeras

Las muñequeras son una idea simple y maravillosa - y éstas rayadas de cebra agregarán un giro monocromático a cualquier conjunto de invierno. Son super fáciles de tejer y no involucran disminuciones ni aumentos. Entonces, si usted es una tejedora que recién comienza, este es un primer proyecto ideal.

Hilado
1 ovillo de 1¾ oz (50 g) - cada uno aprox 109 yds (100m) - Sirdar Country Style DK en color 417 Black (A)
1 ovillo de 1¾ oz (50 g - cada uno aprox 109 yds (100m) - Sirdar Country Style DK en color 412 White (B)

Además necesitará
Ag de tejer US 5 (3.75 mm)
Aguja de coser lana

Medidas
7-10 años (+ de 11 años)

Medidas reales
Aprox 3 pulg /8 cm (3½ pulg/9 cm) de ancho.

Muestra
23 ptos y 30 hil = un cuadrado de 4 pulg/10cm usando ag US 7 (3.75 mm) en pto jersey derecho-

Muñequeras
(hacer 2)
Usando agujas de tejer US 5 (3.75 mm) y A, montar 38 (42 ptos)
Hilera 1: [2d, 2r] hasta los últimos 2 ptos, 2d.
Hilera 2: [2r, 2d] hasta los últimos 2 ptos, 2r.
Repetir las primeras 2 hileras 6 veces más.
Dejar A aparte y continuar con B.
Trabajar 4 hileras en pto jersey derecho comenzando con una hilera al d.
Dejar B aparte y tomar nuevamente A.
Trabajar 4 hileras en pto jersey derecho comenzando con una hilera al d.
Repetir las últimas 8 hileras 2 (3)veces más.
Dejar A aparte y continuar con B.
Trabajar 4 hileras en pto jersey derecho comenzando con una hilera al d.
Dejar B aparte y seguir solamente con A.

Tejer 6 hileras al d.
Cerrar los ptos.

Terminación
Coser las costuras con punto mattress (ver pág 104).

boo el monstruo

Usted seguramente conoce un destinatario merecedor de este simple y rápido gorro de monstruito. Es el proyecto perfecto para usar algún sobrante de hilado grueso que usted tiene dando vueltas - porque a su intrépido hombrecito no le importa en qué color esté tejido. Teja el gorro básico y luego libere su lado creativo al hacer los rasgos del monstruo.

Hilado

1(2) ovillo(s) de 1³/₄ oz (50 g) - cada uno aprox 49 yds (45m) - Sirdar Big Softie en color 343 Bling blue (A)

Pequeñas cantidades de Sirdar Country Style DK en color 417 Black (B)

Pequeñas cantidades de paño color verde lima y gris

Hilo de bordar en colores verde lima y negro

Un botón rosa de ⁷/₈ pulg (22 mm) de diámetro

Además necesitará

Ag de tejer US 10.5 (6.5 mm)

Aguja de coser

Aguja de bordar de ojo grande

Medidas

3-10 años (+ de 11 años)

Medidas reales

Aprox 17³/₄ pulg /45 cm (20 pulg/50 cm) de circunferencia.

Muestra

12 ptos y 17 hil = un cuadrado de 4 pulg/10cm usando ag US 10.5 (6.5 mm) en pto jersey derecho.

Gorro *(hacer 1)*

Usando agujas de tejer US 10.5 (6.5 mm) y A, montar 54 (60) pto◄

Tejer 4 hileras al d.

Trabajar 16 (18) hileras en pto jersey comenzando con una hilera del d.

Tamaño grande únicamente:

Hilera 23: 4d, [2pjd, 8d] 3 veces, [ppt, 8d] dos veces, ppt, 4d. (54 ptos)

Hilera 24: r.

Ambos tamaños:

Próxima hilera: 3d, [desl1, 2pjd, pasar el pto desl sobre los ptos tejidos juntos, 6d] 5 veces, desl1, 2pjd, pasar el pto desl sobre los ptos tejidos juntos, 3d. (42 ptos)

Próxima hilera y todas las hileras del RL: r.

Próxima hilera del DL: 2d, [desl1, 2pjd, pasar el pto desl sobre los ptos tejidos juntos, 4d] 5 veces, desl1, 2pjd, pasar el pto desl sobr los ptos tejidos juntos, 2d. (30 ptos)

Próxima hilera del DL: 1d, [desl1, 2pjd, pasar el pto desl sobre los ptos tejidos juntos, 2d] 5 veces, desl1, 2pjd, pasar el pto desl sobr los ptos tejidos juntos, 1d. (18 ptos)

Próxima hilera del DL: [desl1, 2pjd, pasar el pto desl sobre los pto◄ tejidos juntos] 6 veces. (6 ptos)

Cortar la lana dejando una hebra larga.

Pasar la hebra entre los ptos restantes, tirar suave pero firmemente y esconder la hebra.

Cuernos *(hacer 2)*

Usando agujas de tejer US 10.5 (6.5 mm) y A, montar 4 (6) ptos.

Tejer 10 hileras en pto jersey derecho comenzando con una hiler◄ del d.

Cerrar los ptos.

Terminación

Para información general acerca de cómo coser el gorro, ver pág◄ 104-107. Coser el gorro por la parte de atrás usando la técnica de la costura aplanada (ver pág 104).

Doblar los cuernos al medio a lo largo, con el DL hacia afuera.

Coser los costados y la parte superior.

Coser los cuernos en su lugar.

Usando 2 hebras de B, hacer un punto cruz grande para uno de los ojos. Cortar un círculo de fieltro gris, más grande que el botón rosa para la parte externa del otro ojo y apoyarlo en su lugar.

Coser el botón rosa en el centro de la parte gris con hilo negro, asegurándola al gorro. Cortar un rectángulo de fieltro en verde lima para la nariz. Usando hilo de coser verde lima, coser la nariz en su lugar. Usando B, trabajar dos ptos derechos, uno sobre otro desde la parte inferior de la nariz hacia el comienzo del borde de gorro en pto Santa Clara.

squeak el ratón

Con sus ojitos de mostacillas y listo para dar un mordisco de queso o chocolate, este ratón dulce y pequeño es el perfecto gorro para cualquier niña que ame las cosas rosadas y lindas. Como bonus, las orejeras largas le dan un plus de abrigo y sus trenzas oscilantes son fantásticas y divertidas.

Hilado
2 x ovillos de1¾ oz (50 g) - cada uno aprox 79 yds (72m) - Twilleys Freedom Purity Chunky en color 781 Clay (A)
Pequeñas cantidades de Katia Merino Blend DK en color 25 Pale Pink (B)
Pequeñas cantidades de Patons Diploma Gold DK en color 6183 Black (C)
Pequeñas cantidades de Patons Fairytale Dreamtime DK en color 51 White (D)

Además necesitará
Aguja de tejer US 9 (5.5 mm)
Aguja de crochet medida US D-3 (3.25 mm)
Aguja de coser
Aguja de bordar de ojo grande
2 imperdibles pequeños

Medidas
3-10 años (+ de 11 años)

Medidas reales
Aprox 16 pulg /41 cm (19½ pulg/49 cm) de circunferencia.

Muestra
16 ptos y 22 hil = un cuadrado de 4 pulg/10cm usando ag US 9 (5.5 mm) en pto jersey derecho.

Gorro
(hacer 1)
Usando agujas de tejer US 9 (5.5 mm) y A, montar 8 ptos.
Hilera 1: 1aum, d hasta los últimos 2 ptos, 1aum, 1d. (10 ptos)
Hilera 2: r.
Repetir las hileras 1 - 2 una vez más. (12 ptos)
Hilera 5: montar 27(33) ptos, d hasta el final. (39/45 ptos)
Hilera 6: montar 27(33) ptos, r hasta el final. (66/78 ptos)
Trabajar 22 (24) hileras en pto jersey derecho comenzando con una hilera del d.
Tamaño grande únicamente:
Hilera 31: 5d, [desl1, 2pjd, pasar el pto desl sobre los ptos tejidos juntos, 10d] 5 veces, desl1, 2pjd, pasar el pto desl sobre los ptos tejidos juntos, 5d. (66 ptos)
Hilera 32: r.
Ambos tamaños:
Próxima hilera: 4d, [desl1, 2pjd, pasar el pto desl sobre los ptos tejidos juntos, 8d] 5 veces, desl1, 2pjd, pasar el pto desl sobre los ptos tejidos juntos, 4d. (54 ptos)
Próxima hilera y todas las hileras del RL hasta que se indique lo contrario: r.
Próxima hilera del DL: 3d, [desl1, 2pjd, pasar el pto desl sobre los ptos tejidos juntos, 6d] 5 veces, desl1, 2pjd, pasar el pto desl sobre los ptos tejidos juntos, 3d. (42 ptos)
Próxima hilera del DL: 2d, [desl1, 2pjd, pasar el pto desl sobre los ptos tejidos juntos, 4d] 5 veces, desl1, 2pjd, pasar el pto desl sobre los ptos tejidos juntos, 2d. (30 ptos)
Próxima hilera del DL: 1d, [desl1, 2pjd, pasar el pto desl sobre los ptos tejidos juntos, 2d] 5 veces, desl1, 2pjd, pasar el pto desl sobre los ptos tejidos juntos, 1d. (18 ptos)

Antes de levantar los puntos para las orejeras, doblar la pieza básica del gorro de manera que los lados más cortos se encuentren en el centro. Colocar un pequeño imperdible a cada lado del gorro sobre la hilera del montaje de puntos para marcar el centro de cada orejera. Levantar un el mismo número de puntos de cada lado del marcador para cada orejera.

Tip

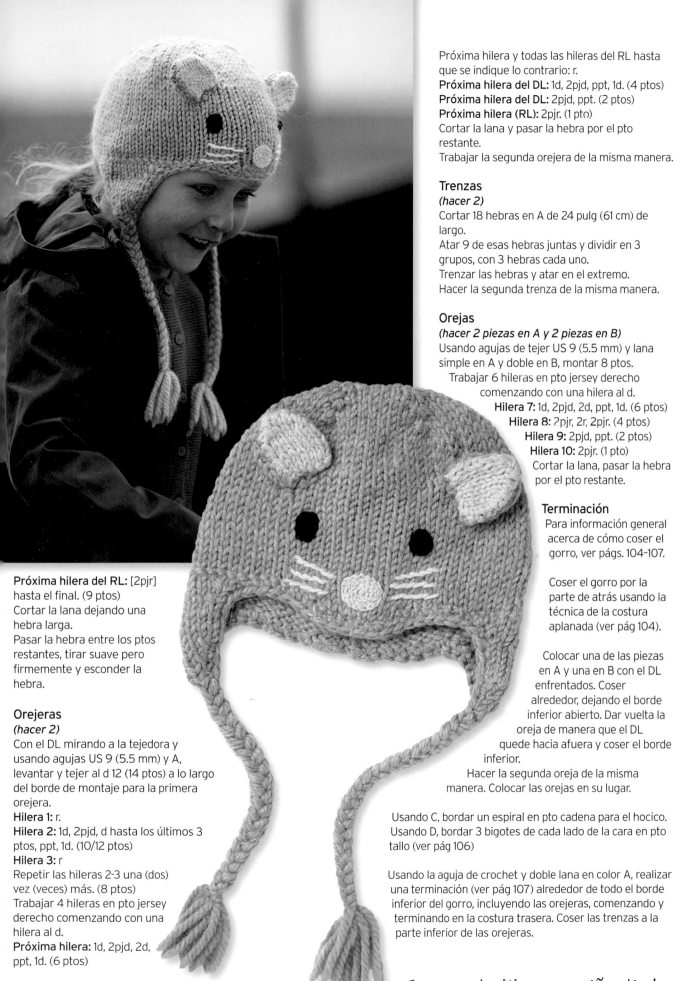

Próxima hilera y todas las hileras del RL hasta que se indique lo contrario: r.
Próxima hilera del DL: 1d, 2pjd, ppt, 1d. (4 ptos)
Próxima hilera del DL: 2pjd, ppt. (2 ptos)
Próxima hilera (RL): 2pjr. (1 pto)
Cortar la lana y pasar la hebra por el pto restante.
Trabajar la segunda orejera de la misma manera.

Trenzas
(hacer 2)
Cortar 18 hebras en A de 24 pulg (61 cm) de largo.
Atar 9 de esas hebras juntas y dividir en 3 grupos, con 3 hebras cada uno.
Trenzar las hebras y atar en el extremo.
Hacer la segunda trenza de la misma manera.

Orejas
(hacer 2 piezas en A y 2 piezas en B)
Usando agujas de tejer US 9 (5.5 mm) y lana simple en A y doble en B, montar 8 ptos.
Trabajar 6 hileras en pto jersey derecho comenzando con una hilera al d.
Hilera 7: 1d, 2pjd, 2d, ppt, 1d. (6 ptos)
Hilera 8: 2pjr, 2r, 2pjr. (4 ptos)
Hilera 9: 2pjd, ppt. (2 ptos)
Hilera 10: 2pjr. (1 pto)
Cortar la lana, pasar la hebra por el pto restante.

Terminación
Para información general acerca de cómo coser el gorro, ver págs. 104-107.

Coser el gorro por la parte de atrás usando la técnica de la costura aplanada (ver pág 104).

Colocar una de las piezas en A y una en B con el DL enfrentados. Coser alrededor, dejando el borde inferior abierto. Dar vuelta la oreja de manera que el DL quede hacia afuera y coser el borde inferior.
Hacer la segunda oreja de la misma manera. Colocar las orejas en su lugar.

Usando C, bordar un espiral en pto cadena para el hocico. Usando D, bordar 3 bigotes de cada lado de la cara en pto tallo (ver pág 106)

Usando la aguja de crochet y doble lana en color A, realizar una terminación (ver pág 107) alrededor de todo el borde inferior del gorro, incluyendo las orejeras, comenzando y terminando en la costura trasera. Coser las trenzas a la parte inferior de las orejeras.

Próxima hilera del RL: [2pjr] hasta el final. (9 ptos)
Cortar la lana dejando una hebra larga.
Pasar la hebra entre los ptos restantes, tirar suave pero firmemente y esconder la hebra.

Orejeras
(hacer 2)
Con el DL mirando a la tejedora y usando agujas US 9 (5.5 mm) y A, levantar y tejer al d 12 (14 ptos) a lo largo del borde de montaje para la primera orejera.
Hilera 1: r.
Hilera 2: 1d, 2pjd, d hasta los últimos 3 ptos, ppt, 1d. (10/12 ptos)
Hilera 3: r
Repetir las hileras 2-3 una (dos) vez (veces) más. (8 ptos)
Trabajar 4 hileras en pto jersey derecho comenzando con una hilera al d.
Próxima hilera: 1d, 2pjd, 2d, ppt, 1d. (6 ptos)

el oso ruidoso

Este clásico gorro de osito está tejido en una lana extra suave con agujas gruesas, y los ojos y el hocico están hechos en fieltro, lo que significa que es uno de los modelos más sencillos del libro y el más rápido de realizar. Entonces usted no tiene excusas. Acérquese a su negocio de lanas, apodérese de un par de madejas ... y ponga sus agujas en acción.

Hilado
2 x ovillos de 1¾ oz (50 g) – cada uno aprox 75 yds (80m) – Wendy Norse Chunky en color 2702 Eider (A)
Pequeñas cantidades de Sirdar Country Style DK en color 417 Black (B)
Pequeñas cantidades de fieltro en color crema y negro
Hilo de coser crema y negro

Además necesitará
Aguja de tejer US 9 (5.5 mm) y US 10.5 (6.5 mm)
Aguja de coser lana
Aguja de bordar de ojo grande
Aguja de coser común

Medidas
5-10 años (+ de 11 años)

Medidas reales
Aprox 18½ pulg /47 cm (20 pulg/51 cm) de circunferencia.

Muestra
14 ptos y 20 hil = un cuadrado de 4 pulg/10cm usando ag US 10.5 (6.5 mm)

Gorro
(hacer 1)
Usando agujas de tejer US 9 (5.5 mm) y A, montar 66 (72) ptos.
Tejer 4 hileras al d.
Cambiar a agujas US 10.5 (6.5 mm).
Trabajar 22 (28) hileras en pto jersey derecho comenzando con una hilera al d.
Tamaño grande únicamente:
Hilera 33: 5d, [2pjd, 10d] 3 veces, [ppt, 10d] dos veces, ppt, 5d. (66 ptos)
Hilera 34: r.
Ambos tamaños:
Próxima hilera: [desl1, 2pjd, pasar el pto desl sobre los ptos tejidos juntos, 8d] 5 veces, desl1, 2pjd, pasar el pto desl sobre los ptos tejidos juntos, 4d. (54 ptos)
Próxima hilera y todas las hileras del RL: r.
Próxima hilera del DL: 3d, [desl1, 2pjd, pasar el pto desl sobre los ptos tejidos juntos, 6d] 5 veces, desl1, 2pjd, pasar el pto desl sobre los ptos tejidos juntos, 3d. (42 ptos)

Próxima hilera del DL: 2d, [desl1, 2pjd, pasar el pto desl sobre los ptos tejidos juntos, 4d] 5 veces, desl1, 2pjd, pasar el pto desl sobre los ptos tejidos juntos, 2d. (30 ptos)

Próxima hilera del DL: 1d, [desl1, 2pjd, pasar el pto desl sobre los ptos tejidos juntos, 2d] 5 veces, desl1, 2pjd, pasar el pto desl sobre los ptos tejidos juntos, 1d. (18 ptos)

Próxima hilera del DL: [desl1, 2pjd, pasar el pto desl sobre los ptos tejidos juntos] 6 veces. (6 ptos)

Cortar la lana, dejando una hebra larga.

Pasar la hebra entre los ptos restantes, tirar suave pero firmemente y esconder la hebra.

Orejas
(hacer 2)

Usando agujas de tejer US 10.5 (6.5 mm) y A, montar 8 ptos.

Trabajar 5 hileras en pto jersey derecho comenzando con una hilera al d.

Hilera 6: 2pjr, 4r, 2pjr. (6 ptos)

Hilera 7: 2pjd, 2d, ppt. (4 ptos)

Hilera 8: [2pjr] dos veces. (2 ptos)

Hilera 9: [1aum] dos veces. (4 ptos)

Hilera 10: [1aumr, 1r] dos veces. (6 ptos)

Hilera 11: 1aum, 3d, 1aum, 1d. (8 ptos)

Trabajar 4 hileras en pto jersey derecho comenzando con una hilera al r.

Cerrar los ptos al d en una hilera del RL.

Terminación

Para información general acerca de cómo coser el gorro, ver págs. 104-107.

Coser el gorro por la parte de atrás usando la técnica de la costura aplanada (ver pág 104).

Doblar las orejas por la mitad a lo largo con los DL enfrentados, de manera que el montaje y el cierre coincidan. Coser alrededor de los bordes redondeados y luego dar vuelta las orejas hacia afuera. Coser los bordes inferiores. Colocar las orejas en su lugar.

Cortar 2 círculos de fieltro negro de de ³/₄ pulg (1.9 mm) de diámetro para los ojos. Cortar un óvalo de 2³/₄ pulg (7 cm) de largo en color crema para la parte clara del hocico.

Cortar un triángulo de bordes redondeados de fieltro negro que mida 1 pulg (2.5 cm) en su lado derecho.

Usando B, formar los ojos con nudos franceses (ver pág 106). Usando hilo color crema, trabaje un pespunte alrededor de la parte clara del hocico, cerca del borde. Coser la nariz usando hilo negro.

Usando B, bordar en pto cadena una línea de la naríz hacia abajo.

mitones del oso ruidoso

Estos gruesos mitones sin dedos mantendrán las pequeñas manos calentitas, mientras deja libre a los dedos. Es uno de los proyectos más rápidos para terminar del libro. Lo tejimos en un tono suave de marrón junto con el gorro de oso de la pág 43, pero usted puede tejerlos en cualquier tono de marrón que desee.

Hilado
1 x ovillo de 1¾oz (50 g) –cada uno aprox 49 yds (45m)– de Sirdar Big Softie en color 326 Moose (A)
Pequeñas cantidades de Sirdar Country Style DK en color 530 Chocolate (B)

Además necesitará
Agujas de tejer US 10.5 (6.5 mm)
Aguja de coser lana
Aguja de bordar de ojo grande

Medidas
7-10 años (+ de 11 años)

Medidas reales
Aprox 3¼ pulg /8 cm (4 pulg/10 cm) de ancho

Muestra
12 ptos y 17 hil = un cuadrado de 4 pulg/10cm usando ag US 10 (6.5 mm) en pto jersey derecho.

Mitones
(hacer 2)
Usando agujas de tejer US 10 (6.5 mm) y color A, montar 20 (24 ptos)
Hilera 1: [2d, 2r] hasta el final.
Repetir la 1ra hilera 9 veces más.
Trabajar 12 (14) hileras en pto jersey derecho comenzando con una hilera al d.
Próxima hilera: [2d, 2r] hasta el final.
Repetir la última hilera 3 veces más.
Cerrar los ptos, manteniendo la secuencia de ptos 2d, 2r.

Terminación
Coser las costuras de los mitones usando la técnica de la costura aplanada (ver pág 104), dejando un agujero de 1½ pulg/4 cm (2 pulg/5 cm) justo arriba del puño para que pase el pulgar.

Usando doble hebra de B, trabajar un óvalo en pto cadena para cada mitón para formar las huellas, recordando que el agujero del pulgar para un mitón debe estar a la derecha y el agujero del pulgar para el otro mitón debe estar a la izquierda.

Usando B, trabajar 4 nudos franceses (ver pág 106) justo arriba de la parte superior del óvalo, envolviendo la lana 3 veces en lugar de hacerlo como se acostumbra para cada nudo.

otto el pulpo

Ocho brazos son mejor que dos – por lo menos si usted es un pulpo y necesita enroscar sus brazos aldededor de su presa para conseguir una comida decente. Tejido en un rosa brillante- difícilmente el mejor camuflaje – este gorro de pulpo no la hará moverse con propulsión a chorro como en la vida real, más bien la ayudará a escabullirse en una esquina. Pero, de cualquier manera, este gorro llamará la atención.

Hilado

2 x ovillos de 1¾ oz (50 g) – cada uno aprox 109 yds (100m) – Sirdar Country Style DK en color 527 Rosehip (A)

Pequeñas cantidades de Patons Diploma Gold DK en color 6183 Black (B)

Pequeñas cantidades de Patons Fairytale Dreamtime DK en color 51 White (C)

Además necesitará

Agujas de tejer US 9 (5.5 mm)
Aguja de crochet US J-10 (6mm)
Aguja de coser lana
Aguja de bordar de ojo grande

Medidas

3-10 años (+ de 11 años)

Medidas reales

Aprox 17 pulg /43 cm (20 pulg/51 cm) de circunferencia.

Muestra

16 ptos y 22 hil = un cuadrado de 4 pulg/10cm usando ag US 9 (5.5 mm) y la lana doble en pto jersey derecho.

Gorro

(hacer 1)

Usando agujas US9 (5.5mm) y doble lana en color A, montar 66 (78) ptos

Colocar una pequeño imperdible en el pto 23 (26) en cada uno de los bordes.

Tejer 4 hileras al d.

Trabajar 22 (26) hileras en pto jersey derecho comenzando con una hilera al d.

Tamaño grande únicamente:

Hilera 31: 5d, [desl1, 2pjd, pasar el pto desl sobre los ptos tejidos juntos, 10d] 5 veces, desl1, 2pjd, pasar el pto desl sobre los ptos tejidos juntos, 5d. (66 ptos)

Hilera 32: r.

Ambos tamaños:

Próxima hilera del DL: 4d, [desl1, 2pjd, pasar el pto desl sobre los ptos tejidos juntos, 8d] 5 veces, desl1, 2pjd, pasar el pto desl sobre los ptos tejidos juntos, 4d. (54 ptos)

Próxima hilera y todas las hileras del RL hasta que se indique lo contrario: r.

Próxima hilera del DL: 3d, [desl1, 2pjd, pasar el pto desl sobre los ptos tejidos juntos, 6d] 5 veces, desl1, 2pjd, pasar el pto desl sobre los ptos tejidos juntos, 3d. (42 ptos)

Próxima hilera del DL: 2d, [desl1, 2pjd, pasar el pto desl sobre los ptos tejidos juntos, 4d] 5 veces, desl1, 2pjd, pasar el pto desl sobre los ptos tejidos juntos, 2d. (30 ptos)

Próxima hilera del DL: 1d, [desl1, 2pjd, pasar el pto desl sobre los ptos tejidos juntos, 2d] 5 veces, desl1, 2pjd, pasar el pto desl sobre los ptos tejidos juntos, 1d. (18 ptos)

Próxima hilera del RL: [2pjr] hasta el final. (9 ptos)

Cortar la lana, pasar la hebra entre los ptos restantes, tirar suave pero firmemente y esconder la hebra.

Con el DL mirando a la tejedora y usando la lana doble en color A, levantar y tejer 23 (26) ptos a lo largo del borde inferior desde el borde derecho hacia el primer imperdible.
Próxima hilera: d.
Próxima hilera: d hasta los últimos 2 ptos, 2pjd. (22/25 ptos)
Repetir las últimas 2 hileras 2 (3) veces más. (20/22 ptos)
Cerrar los ptos.

Con el DL mirando a la tejedora y usando la lana doble en color A, levantar y tejer 23 (26) ptos a lo largo del borde inferior desde el segundo imperdible hacia el borde **izquierdo.**
Próxima hilera: d.
Próxima hilera: ppt, d hasta el final de la hilera. (22/25 ptos)
Repetir las 2 últimas hileras 2(3) veces más. (20/22 ptos)
Cerrar los ptos.

Tentáculos
Cortar 8 hebras en color A, cada una de 8¹/₂ yds (7.5 m). Doblar cada hebra por la mitad, luego volver a doblar por la mitad dos veces más, cada grupo resultará en 8 hebras. Usando la aguja de crochet, trabajar ocho tiras de crochet de 6¹/₄ pulg (16 cm) de largo en pto cadena. Atra las hebras a 1 pulg (2.5 cm) del extremo.

Terminación
Para información general acerca de cómo coser el gorro, ver págs. 104 - 107.

Coser el gorro por la parte de atrás usando la técnica de la costura aplanada (ver pág 104).

Usando doble hebra en color B, trabajar dos nudos franceses (ver pág 106) para los ojos. Usando color C, bordar tres círculos en pto cadena (ver pág 106) alrededor de cada nudo francés.

Usando B, bordar en pto cadena una línea de 2¹/₂ pulg (6 cm) para la boca.

Coser un tentáculo a cada lado del borde inferior del gorro. Coser los demás tentáculos espaciadamente entre sì.

waddle el pingüino

Si le apetecen las actividades sobre la nieve, nada puede ser más perfecto que este gorro de pingüino. La lana suave y esponjosa lo mantendrá calentito jugando en las laderas. Si le gustan los bocaditos de pescado crudo, siéntase libre.

Pero si lo suyo es un tazón de sopa o una taza de chocolate caliente, está bien igual.

Hilado

1(2) ovillo(s) de 1¾ oz (50 g) – cada uno aprox 49 yds (45m) – Sirdar Big Softie en color 338 Kitten (A)

1 ovillo de 1¾ oz (50 g) – cada uno aprox 49 yds (45m) – Sirdar Big Softie en color 330 Meringue (B) y color 320 Tangerine (C)

Pequeñas cantidades de Sirdar Country Style DK en color 417 Black (D) y color 400 Silver Gray (E)

Además necesitará

Agujas de tejer US 10.5 (6.5 mm)
Aguja de coser
Aguja de bordar de ojo grande
2 imperdibles pequeños

Medidas

3-10 años (+ de 11 años)

Medidas reales

Aprox 17¾ pulg /45 cm (20 pulg/50 cm) de circunferencia.

Muestra

12 ptos y 17 hil = un cuadrado de 4 pulg/10cm usando ag US 10.5 (6.5 mm) en pto jersey.

Notas

Antes de comenzar a tejer, preparar dos ovillos por separado de color A, el ovillo nro 1 de 13 yd (12 m) de lana y el ovillo nro 2 de 1 yd (1m) de lana.

Gorro
(hacer 1)

Usando agujas de tejer US 10.5 (6.5 mm), montar 19 (22) ptos con el ovillo nro 1 en A, 16 ptos en B, y 19 (22) ptos con el ovillo principal en A. (54/60 ptos)

Hilera 1: [1d, 1r] hasta el final, manteniendo los colores A/B como se indica.

Hilera 2: [1r, 1d] hasta el final, manteniendo los colores A/B como se indica.

Manteniendo la secuencia de los colores A/B como se indica, trabajar 7 hileras en pto jersey derecho comenzando con una hilera al d.

Hilera 10: 20 (23) r en A, 14 r en B, 20 (23) r en A.

Hilera 11: 21 (24) d en A, 5d en B, unir el ovillo nro 2 de A, 2d en A, 5d en B, 21 (24) d en A.

Hilera 12: 22 (25) r en A, 3r en B, 4r en A, 3r en B, 22 (25) r en A.

Continuar únicamente con A, cortando todas las lanas de los colores que no se usan más.

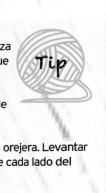

Antes de levantar los puntos para las orejeras, doblar la pieza básica del gorro de manera que los lados más cortos se encuentren en el centro. Colocar un pequeño imperdible a cada lado del gorro sobre la hilera del montaje de puntos para marcar el centro de cada orejera. Levantar el mismo númeroro de ptos de cada lado del marcador para cada orejera.

Trabajar 8 (10) hileras en pto jersey derecho comenzando con una hilera al d.

Tamaño grande únicamente:
Hilera 23: 4d, [2pjd, 8d] 3 veces, [ppt, 8d] dos veces, ppt, 4d. (54 ptos)
Hilera 24: r.

Ambos tamaños:
Próxima hilera: 3d, [desl1, 2pjd, pasar el pto desl sobre los ptos tejidos juntos, 6d] 5 veces, desl1, 2pjd, pasar el pto desl sobre los ptos tejidos juntos, 3d. (42 ptos)
Próxima hilera y todas las hileras del RL: r.
Próxima hilera del DL: 2d, [desl1, 2pjd, pasar el pto desl sobre los ptos tejidos juntos, 4d] 5 veces, desl1, 2pjd, pasar el pto desl sobre los ptos tejidos juntos, 2d. (30 ptos)
Próxima hilera del DL: 1d, [desl1, 2pjd, pasar el pto desl sobre los ptos tejidos juntos, 2d] 5 veces, desl1, 2pjd, pasar el pto desl sobre los ptos tejidos juntos, 1d. (18 ptos)
Próxima hilera: r.
Próxima hilera: [desl1, 2pjd, pasar el pto desl sobre los ptos tejidos juntos] 6 veces. (6 ptos)
Cortar la lana dejando una hebra larga.
Pasar la hebra entre los ptos restantes, tirar suave pero firmemente y esconder la hebra.

Orejeras
(hacer 2)
Con el DL mirando a la tejedora y usando agujas US 10 (6.5 mm) y A, levantar y tejer 9 (11) ptos a lo largo de la línea de montaje de ptos para la primera orejera.
Hilera 1: [1d, 1r] hasta el último pto, 1d.
Repetir la primera hilera una (3) veces más.
Próxima hilera: 2pjr, [1d, 1r] dos (3), veces, 1d, 2pjr. (7/9 ptos)
Próxima hilera: [1r, 1d] 3 (4), veces, 1r.
Repetir la última hilera dos veces más.
Tamaño grande únicamente:
Próxima hilera: 2pjd, [1r, 1d] dos veces, 1r, 2pjd. (7 ptos)
Ambos tamaños:
Próxima hilera: 2pjr, 1d, 1r, 1d, 2pjr. (5 ptos)
Próxima hilera: 2pjd, 1r, 2pjd. (3 ptos)
Próxima hilera: desl1, 2pjd, pasar el desl sobre los ptos tejidos juntos. (1pto)
Cortar la lana y pasarla a través del pto restante.
Trabajar la segunda orejera de la misma manera.

Pico
Usando C, levantar y tejer 14d a lo largo del borde inferior de la parte blanca de la cara (hay 16 ptos, entonces, saltear el 2do y el 15to ptos). (14 ptos)
Hilera 1: 2pjr, r hasta los últimos 2 ptos, 2pjr. (12 ptos)
Hilera 2: 1d, ppt, d hasta los últimos 3 ptos, 2pjd, 1d. (10 ptos)
Hilera 3: 2pjr, r hasta los últimos 2 ptos, 2pjr. (8 ptos)
Hilera 4: 1d, ppt, 2d, 2pjd, 1d. (6 ptos)
Hilera 5: 1aum al r, r hasta los últimos 2 ptos, 1 aum al r, 1r. (8 ptos)
Hilera 6: 1aum, d hasta los últimos 2 ptos, 1 aum, 1d. (10 ptos)
Repetir las hileras 5-6 una vez más. (14 ptos)
Cerrar al d en el RL.

Terminación
Para información general acerca de cómo coser el gorro, ver págs. 104-107.

Coser el gorro por la parte de atrás usando la técnica de la costura aplanada (ver pág 104).

Doblar la parte inferior del pico hacia arriba, de manera que la parte superior y la parte inferior queden con los DL enfrentados. Coser los bordes del pico. Dar vuelta, y coser el borde de montado de ptos (ahora el lado inferior del pico) al borde de montado de ptos de la parte interna de la cara.

Usando D, bordar un espiral en pto cadena (ver pág 106) para cada centro del ojo. Usando E, bordar un círculo en pto cadena alrededor de la parte central de cada ojo.

nana la mona

Este es el gorro ideal para tejerle a la pequeña e inquieta monita -o monito- de tu vida. Está tejido en un tono de pelaje de mono marrón aunque también quedarìa muy bien en un gris suave. Y si desea un look de mono, trate con un gris melange y hágale a ella (o él) una boca roja. No se deje intimidar por la parte clara de la cara, es mucho más fácil de lo que parece.

Hilado

1 (2) ovillo (s) de 1³/₄ oz (50 g) - cada uno aprox 127 yds (116m) –Wendy Merino DK en color 2381 Otter (A)

1 ovillo de 1³/₄ oz (50 g - cada uno aprox 109 yds (100m) - Sirdar Country Style DK en color 411 Cream (B)

Pequeñas cantidades de Sirdar Country Style DK en color 417 Black (C)

Pequeñas cantidades de Patons Diploma Gold DK en color 6184 Steel (D)

Pequeñas cantidades de Katia Merino Blend DK en color 25 Pale Pink B (E)

Pequeñas cantidades de Wendy Merino DK en color 2370 Fuchsia (F)

Además necesitará

Agujas de tejer US 9 (5.5 mm)
Aguja de coser lana
Aguja de bordar de ojo grande

Medidas

3-10 años (+ de 11 años)

Medidas reales

Aprox 16 pulg / 41 cm (19¹/₂ pulg/ 49 cm) de circunsferencia.

Muestra

16 ptos y 22 hil = un cuadrado de 4 pulg/10cm usando ag US 9 (5.5 mm) en pto jersey derecho, con lana doble

Notas

Antes de comenzar a tejer, preparar un pequeño ovillo en color A consistente en 17 yds (16m) de hilado doble.

Gorro

(hacer 1)

Usando agujas US 9 (5.5 mm) y A, montar 22 (28) ptos del pequeño ovillo de color A usando la lana doble, 22 ptos en B usando la lana doble, y 22 (28) ptos del pequeño ovillo de color A usando la lana doble.

Hilera 1: [2d, 2r] hasta los últimos 2 ptos manteniendo la secuencia de color A/B como se indica, 2d.

Hilera 2: [2r, 2d] hasta los últimos 2 ptos manteniendo la secuencia de color A/B como se indica, 2r.

Repetir las hileras 1-2 una vez más.

Trabajar 10(12) hileras en pto jersey derecho comenzando con una hilera al d, manteniendo la secuencia de color A/B como se indica.

Próxima hilera: 23 (29) d con A, 9 d con B, 2d con A, 9 d con B, 23 (29) d con A.

Próxima hilera: 24 (30) r con A, 7 r con B, 4 r con A, 7 r con B, 24 (30) r con A.

Próxima hilera: 25 (31) d con A, 5 d con B, 6 d con A, 5 d con B, 25 (31) d con A.

Continuar con A, cortando las lanas que ya no se usan.

Trabajar 11 (13) hileras en pto jersey derecho comenzando con una hilera al r.

Tamaño grande únicamente:

Hilera 33: 5d, [desl1, 2pjd, pasar el pto desl sobre los ptos tejidos juntos, 10d] 5 veces, desl1, 2pjd, pasar el pto desl sobre los ptos tejidos juntos, 5d. (66 ptos)

Hilera 34: r.

Ambos tamaños:

Próxima hilera: 4d, [desl1, 2pjd, pasar el pto desl sobre los ptos tejidos juntos, 8d] 5 veces, desl1, 2pjd, pasar el pto desl sobre los ptos tejidos juntos, 4d. (54 ptos)

Próxima hilera y todas las del RL hasta que se indique lo contrario: r.

Próxima hilera del DL: 3d, [desl1, 2pjd, pasar el pto desl sobre los ptos tejidos juntos, 6d] 5 veces, desl1, 2pjd, pasar el pto desl sobre los ptos tejidos juntos, 3d. (42 ptos)

Próxima hilera del DL: 2d, [desl1, 2pjd, pasar el pto desl sobre los ptos tejidos juntos, 4d] 5 veces, desl1, 2pjd, pasar el pto desl sobre los ptos tejidos juntos, 2d. (30 ptos)

Próxima hilera del DL: 1d, [desl1, 2pjd, pasar el pto desl sobre los ptos tejidos juntos, 2d] 5 veces, desl1, 2pjd, pasar el pto desl sobre los ptos tejidos juntos, 1d. (18 ptos)

Próxima hilera (RL): [2pjr] hasta el final. (9 ptos)

Cortar la lana, pasar la hebra entre los ptos restantes, tirar suave pero firmemente y esconder la hebra.

Orejas
(hacer 2)
Usando agujas de tejer US 9 (5.5 mm) y A con la lana doble,
montar 5 ptos.
Hilera 1: 1aum, 2d, 1aum, 1d. (7 ptos)
Hilera 2: r.
Hilera 3: 1aum, d hasta los últimos 2 ptos, 1aum, 1d. (9 ptos)
Hilera 4: r.
Repetir las hileras 3-4 una vez más. (11 ptos)
Trabajar 4 hileras en pto jersey derecho comenzando con una
hilera al d.
Hilera 11: 1d, 2pjd, d hasta los últimos 3 ptos, ppt, 1d. (9 ptos)
Hilera 12: r.
Repetir las hileras 11-12 una vez más. (7 ptos)
Cerrar los ptos.

Terminación
Para información general acerca de cómo coser el gorro, ver
págs. 104-107. Coser el gorro por la parte de atrás usando la
técnica de la costura aplanada (ver pág 104).
Doblar las orejas por la mitad a lo largo con los DL enfrentados,
de manera que el montaje y el cierre de puntos coincidan.
Coser alrededor de los bordes redondeados y luego dar vuelta
las orejas hacia afuera. Coser los bordes inferiores. Colocar las
orejas a los costados del gorro.
Usando doble hebra de C, trabajar dos nudos franceses (ver
pág 106) para los ojos. Usando D, bordar unos pocos círculos
en pto cadena (ver pág 106) alrededor de cada nudo francés.
Usando E, bordar dos pequeños círculos en pto cadena para las
fosas nasales.
Usando F, trabajar una línea de ptos cadenas para la boca.

gurgle el pez

Con su cola zigzagueante y sus aletas vivaces - y una boca lo suficientemente grande para atrapar una cabeza humana - este es un gorro altamente llamativo. Está tejido con un turquesa brillante, pero usted lo puede tejer en cualquier color que le apetezca, téjalo el pescado en un naranja luminoso para un fan de los peces dorados, o con rayas para una fiesta mejicana. Sólo tejalo!!

Hilado

2 ovillos de 1³/₄ oz (50 g) - cada uno aprox 49 yds (45m) - Sirdar Big Softie en color 348 Rich Turquoise (A)
Pequeñas cantidades de Sirdar Country Style DK en color 527 Rosehip (B), color 417 Black (C) y color 412 White (D)

Además necesitará

Agujas de tejer US 10.5 (6.5 mm)
Aguja de coser
Aguja de bordar de ojo grande
2 imperdibles pequeños

Medidas

3-10 años (+ de 11 años)

Medidas reales

Aprox 17³/₄ pulg /45 cm (20 pulg/50 cm) de circunferencia.

Muestra

12 ptos y 17 hil = un cuadrado de 4 pulg/10cm usando ag US 10.5 (6.5 mm) en pto jersey derecho

Gorro

(hacer 1)

Usando agujas US 10.5 (6.5mm) y A, montar 54 (60) ptos
Colocar una pequeño imperdible en el pto 24 en cada uno de los bordes.
Trabajar 18/20 hileras en pto jersey comenzando con una hilera al d.

Tamaño grande únicamente:

Hilera 21: 4d, [2pjd, 8d] 3 veces, [ppt, 8] dos veces, ppt, 4d. (54 ptos)
Hilera 22: r.

Ambos tamaños:

Próxima hilera: 3d, [desl1, 2pjd, pasar el pto desl sobre los ptos tejidos juntos, 6d] 5 veces, desl1, 2pjd, pasar el pto desl sobre los ptos tejidos juntos, 3d. (42 ptos)
Próxima hilera: r.
Próxima hilera: 2d, [desl1, 2pjd, pasar el pto desl sobre los ptos tejidos juntos, 4d] 5 veces, desl1, 2pjd, pasar el pto desl sobre los ptos tejidos juntos, 2d. (30 ptos)
Próxima hilera: r.
Próxima hilera: 2d, [2pjd, 3d] dos veces, 2pjd, 2d, [ppt, 3d] dos veces, ppt, 2d. (24 ptos)
Trabajar 5 hileras de pto jersey derecho comenzando con una hilera al r.
Próxima hilera: 1d, [2pjd, 1d] tres veces, [ppt, 2d] dos veces, ppt, 1d. (18 ptos)
Trabajar 5 hileras de pto jersey derecho comenzando con una hilera al r.
Próxima hilera: 1d, [2pjd, 1d] dos veces, 2pjd, [ppt, 1d] tres veces. (12 ptos)
Trabajar 7 hileras de pto jersey derecho comenzando con una hilera al r.
Próxima hilera: 3d, 1aumep, 6d, 1aumep, 3d. (14 ptos)
Próxima hilera y todas las hileras del RL: r.
Próxima hilera del DL: 3d, 1aumep, 1d, 1aum, 6d, 1aumep, 1d, 1aumep, 3d. (18 ptos)
Próxima hilera del DL: 4d, 1aumep, 1d, 1aum, 8d, 1aumep, 1d, 1aumep, 4d. (22 ptos)
Próxima hilera del DL: 5d, 1aumep, 1d, 1aum, 10d, 1aumep, 1d, 1aumep, 5d. (26 ptos)
Próxima hilera: r.
Cerrar los ptos.

Con el DL mirando a la tejedora y usando A levantar y tejer 24 ptos al d a lo largo del borde inferior desde el lado derecho al primero de los imperdibles.

Próxima hilera: 2pjr, r hasta el final. (23 ptos)

Próxima hilera: d hasta los últimos 2 ptos, ppt. (22 ptos)

Repetir las últimas 2 hileras una vez más. (20 ptos)

Próxima hilera: 2pjr, r hasta el final. (19 ptos)

Cerrar los ptos.

Con el DL mirando a la tejedora y usando A, levantar y tejer 24d a lo largo del borde inferior desde el segundo imperdible hacia la izquierda.

Próxima hilera: r hasta los últimos 2 ptos, 2pjr. (23 ptos)

Próxima hilera: 2pjd, d hasta el final. (22 ptos)

Repetir las últimas 2 hileras una vez más. (20 ptos)

Próxima hilera: r hasta los últimos 2 ptos, 2pjr. (19 ptos)

Cerrar los ptos.

Aletas
(hacer 2)

Usando agujas de tejer US 10.5 (6.5mm) y A, montar 8 ptos.

Hilera 1: 1aum, d hasta los últimos 2 ptos, 1aum, 1d. (10 ptos)

Hilera 2: 1d, r hasta el último pto, 1d.

Repetir las hileras 1-2 una vez más. (12 ptos)

Hilera 5: d.

Hilera 6: 1d, r hasta el último pto, 1d.

Repetir las hileras 5-6 una vez más.

Tejer 2 hileras al d.

Cerrar los ptos.

Terminación

Para información general acerca de cómo coser el gorro, ver págs. 104-107.

Coser el gorro por la parte de atrás usando la técnica de la costura aplanada (ver pág 104). Con el gorro alrevés, coser a lo largo de la parte inferior de la cola. Dar vuelta el gorro.

Con el DL del gorro mirando a la tejedora y usando tres hebras de B, levantar y tejer al 19 (25) ptos a lo largo de la parte inferior del frente del gorro, desde el borde más bajo del gorro , a lo largo del montaje de puntos inicial y luego hacia abajo del otro lado.

Próxima hilera: r.

Cerrar los ptos.

Coser las aletas en su lugar por sus bases, en el frente del gorro, como se muestra en la foto.

Usando C, bordar un espiral en pto cadena (ver pág 106) para cada centro de ojo. Usando D, trabajar tres círculos de pto cadena alredededor de cada centro de ojo.

leandro el león

Fuertes y poderosos, aunque de verdad sean perezosos, los leones son criaturas magníficas. Tejido en un suave hilado dorado con una melena de color óxido hecha al crochet, este felino fabuloso es el gorro perfecto para tejerle a su pequeño rey de la selva. Prepare sus agujas y manténgase un paso atrás para verlo rugir.

Hilado

2 x ovillos de 1¾ oz (50 g) – cada uno aprox 109 yds (100m) – Sirdar Country Style DK en color 399 Gold (A)

1 x ovillo de 3½ oz (100g) – cada uno aprox 218 yds (200m)- Rowan Creative Focus Worsted en color 02190 Copper (B)

Pequeñas cantidades de Sirdar Country Style DK en color 417 Black (C) y color 412 white (D)

Un broche a presión de ½ pulg (13 mm) de diámetro

Un botón amarillo/marrón de ¾ pulg (15 mm) de diámetro

Hilo de coser al tono del león

Además necesitará

Agujas de tejer US 9 (5.5 mm) y US 3 (3.25 mm)

Aguja de crochet US 7 (4.5 mm)

Aguja de coser lana

Aguja de bordar de ojo grande

Aguja de coser común

2 imperdibles pequeños

Medidas

3 - 10 años

Medidas reales

Aprox 16 pulg /41 cm de circunferencia

Muestra

16 ptos y 22 hil = un cuadrado de 4 pulg/10cm usando ag US 9 (5.5 mm) en pto jersey derecho y lana doble.

Gorro básico

(hacer 1)

Usando agujas de tejer US 9 (5.5mm) y A, montar 66 ptos con la lana doble.

Colocar una pequeño imperdible en el pto nro 26 en cada uno de los bordes.

Hilera 1: [1d, 1r] hasta el final.

Hilera 2: [1r, 1d] hasta el final.

Trabajar 18 hileras en pto jersey derecho comenzando con una hilera al d.

Hilera 21: 4d, [desl1, 2pjd, pasar el pto desl sobre los ptos tejidos juntos, 8d] 5 veces, desl1, 2pjd, pasar el pto desl sobre los ptos tejidos juntos, 4d. (54 ptos)

Hilera 22 y todas las hileras del RL hasta que se indique lo contrario: r.

Hilera 23 (DL): 3d, [desl1, 2pjd, pasar el pto desl sobre los ptos tejidos juntos, 6d] 5 veces, desl1, 2pjd, pasar el pto desl sobre los ptos tejidos juntos, 3d. (42 ptos)

Hilera 25 (DL): 2d, [desl1, 2pjd, pasar el pto desl sobre los ptos tejidos juntos, 4d] 5 veces, desl1, 2pjd, pasar el pto desl sobre los ptos tejidos juntos, 2d. (30 ptos)

Hilera 27 (DL): 1d, [desl1, 2pjd, pasar el pto desl sobre los ptos tejidos juntos, 2d] 5 veces, desl1, 2pjd, pasar el pto desl sobre los ptos tejidos juntos, 1d. (18 ptos)

Hilera 28 (RL): [2pjr] hasta el final. (9 ptos)

Cortar la lana, pasar la hebra entre los ptos restantes, tirar suave pero firmemente y esconder la hebra.

Con el DL mirando a la tejedora y usando A levantar y tejer al d 26 ptos a lo largo del borde inferior desde el borde del lado derecho hacia el 1er imperdible.

Próxima hilera: 2pjd, [1r, 1d] hasta el final. (25 ptos)

Próxima hilera: [1d, 1r] hasta los últimos 3 ptos, 1d, 2pjr. (24 ptos)

Repetir las últimas 2 hileras una vez más. (22 ptos)

Próxima hilera: 2pjd, [1r, 1d] hasta el final. (21 ptos)

Próxima hilera: Cerrar 8 ptos, [1r, 1d] hasta el final. (13 ptos)

Próxima hilera: [1d, 1r] hasta los últimos 3 ptos, 1d, 2pjr. (12 ptos)

Próxima hilera: [1r, 1d] hasta el final.

Próxima hilera: [1d, 1r] hasta el final.

*Próxima hilera: 2pjd, [1r, 1d] hasta los últimos 2 ptos, 2pjr. (10 ptos)

Próxima hilera: [1r, 1d] hasta el final.

Próxima hilera: 2pjr, [1d, 1r] hasta los últimos 2 ptos, 2pjd. (8 ptos)

Próxima hilera: [1d, 1r] hasta el final.

Próxima hilera: 2pjd, [1r, 1d] dos veces, 2pjr. (6 ptos)

Próxima hilera: [1r, 1d] hasta el final.

Próxima hilera: 2pjr, 1d, 1r, 2pjd. (4 ptos)
Próxima hilera: [1d, 1r] dos veces.
Próxima hilera: [1r, 1d] dos veces.
Repetir las últimas dos hileras 10 veces más.
Cerrar los ptos al d**, dejando una hebra larga.
Con la aguja de crochet, usar la hebra anterior para tejer una
tirita de ptos cadenas para el cierre del botón.

Con el DL mirando a la tejedora y usando A, levantar y tejer 26d
a lo largo del borde inferior desde el segundo imperdible hacia
la izquierda.
Próxima hilera: [1d, 1r] hasta los últimos 2 ptos, ppt. (25 ptos)
Próxima hilera: 2pjr, 1d, [1r, 1d] hasta el final. (24 ptos)
Próxima hilera: [1d, 1r] hasta los últimos 2 ptos, ppt. (23 ptos)
Próxima hilera: 2pjr, 1d, [1r, 1d] hasta el final. (22 ptos)
Próxima hilera: [1d, 1r] hasta los últimos 2 ptos, ppt. (21 ptos)
Próxima hilera: [1d, 1r] 6 veces, 1d, cerrar los ptos restantes. (13
ptos)
Cortar la hebra y unirla a los ptos restantes en el RL.
Próxima hilera: [1d, 1r] hasta los últimos 3 ptos, 1d, 2pjr. (12 ptos)
Próxima hilera: [1r, 1d] hasta el final.
Próxima hilera: [1d, 1r] hasta el final.
Seguir de la misma manera para el otro lado desde * hasta **.

Orejas
(hacer 2)
Usando agujas de tejer US 9 (5.5mm) y A, montar 10 ptos usando la lana doble. Trabajar 6 hileras en pto jersey derecho comenzando con una hilera al d.

Hilera 7: 2pjd, 6d, ppt. (8 ptos)
Hilera 8: 2pjr, 4r, 2pjr. (6 ptos)
Hilera 9: 2pjd, 2d, ppt. (4 ptos)
Hilera 10: [2pjr] dos veces. (2 ptos)
Hilera 11: [1aum] dos veces. (4 ptos)
Hilera 12: [1aumr, 1r] dos veces. (6 ptos)
Hilera 13: 1aum, 3d, 1aum, 1d. (8 ptos)
Hilera 14: 1aumr, 5r, 1aumr, 1r. (10 ptos)
Trabajar 5 hileras en pto jersey derecho comenzando con una hilera al d.
Cerrar los ptos al d.

Nariz
(hacer 1)
Usando agujas US 3 (3.25mm) y color C, montar 12 ptos.
Trabajar 2 hileras en pto jersey derecho comenzando con una hilera al d.

Hilera 3: 2pjd, 8d, ppt. (10 ptos)
Hilera 4: 2pjr, 6r, 2pjr. (8 ptos)
Hilera 5: 2pjd, 4d, ppt. (6 ptos)
Hilera 6: 2pjr, 2r, 2pjr. (4 ptos)
Hilera 7: 2pjd, ppt. (2 ptos)
Hilera 8: 2pjr.
Cortar la lana, pasar la hebra entre los ptos restantes.

Melena
Usando la aguja de crochet, tejer una tira de ptos cadena de 3 yd (2.5 m) de largo en B. Dejar el último pto en la aguja hasta el momento de coser la melena al gorro.

Terminación
Para información general acerca de cómo coser el gorro, ver págs. 104-107.

Coser el gorro por la parte de atrás usando la técnica de la costura aplanada (ver pág 104).

Unir el extremo de la tira de ptos cadena tejida al crochet para el ojal del botón a la punta de la tira derecha del gorro.

Doblar las orejas por la mitad a lo largo con los DL enfrentados. Coser los costados. Dar vuelta las orejas hacia afuera y coser los bordes inferiores. Colocar las orejas en su lugar.

Coser la nariz en su lugar. Usando C, realizar en pto cadena (ver pág 106) un pequeño tramo hacia abajo hasta el comienzo del borde de pto arroz.

Usando C, bordar un espiral en pto cadena para cada centro de ojo. Usando D, trabajar dos círculos de pto cadena alrededor de cada centro de ojo.

Usando D, coser la melena en su lugar por los lados y por la parte superior del gorro; por detrás de las orejas, siendo cada rulo de 1¹/₄ pulg (3cm) de alto. Si fuese necesario, agregar o

quitar ptos cadena para que la melena se adapte al gorro adecuadamente.

Colocar la tira con el ojal sobre la otra para medir 2³/₄ pulg (7cm) y coser el botón en su lugar.

Coser la parte inferior del botón a presión a la parte superior de la tira inferior y la parte superior del botón a presión en la posición correspondiente de la parte inferior de la tira superior.

rusty el zorro

Qué es lo que viene a su mente cuando piensa en un zorro? Taimado... astuto... furtivo? Puede ser, pero con su gruesa capa de piel en tonos brillantes de naranjas, el zorro es una de los más hermosas criaturas que nos rodea. Sencillo de tejer y con largas orejeras para protegerse del viento, este zorrito es un accesorio indispensable para el otoño. Sólo manténgalo lejos del precioso gorro de polllito de la pág 10.

Hilado
1 x 1³/₄ oz (50 g) - aprox 191 yds (175 m) –Rowan Felted Tweed DK en color 154 Ginger (A)
1 ovillo de 1³/₄ oz (50 g - cada uno aprox 98 yds (90m) –Patons Fairytale Dreamtime DK en color 51 White (B)
Pequeñas cantidades de Sirdar Country Style DK en color 417 Black (C)

Además necesitará
Agujas de tejer US 9 (5.5 mm) y US 3 (3.25 mm)
Aguja de coser lana
Aguja de bordar de ojo grande
2 imperdibles pequeños

Medidas
3-10 años (+ de 11 años)

Medidas reales
Aprox 15¹/₄ pulg / 39 cm (18 pulg/ 46 cm) de circunferencia.

Muestra
17 ptos y 24 hil = un cuadrado de 4 pulg/10cm usando ag US 9 (5.5 mm) en pto jersey derecho y la lana doble.

Notas
Antes de comenzar a tejer, preparar dos ovillos separados en color A, el ovillo nro 1 consistente en 16¹/₂ yds (15m) de hilado doble, y el ovillo nro 2 consistente en 2¹/₂ yds (2 m) de hilado doble.
Para el gorro y las orejas, usar también hilado doble.

Gorro básico
(hacer 1)
Usando agujas de tejer US 9 (5.5 mm), montar 20 (26) ptos con el ovillo nro 1 de A, 26 ptos en lana doble en B, y 20 (26) ptos con el ovillo principal de A, usando la lana doble. (66/78 ptos)
Tejer 4 hileras manteniendo la secuencia de los colores A/B como se indica.
Trabajar 6 (8) hileras en pto jersey derecho comenzando con una hilera al d.
Próxima hilera: 20 (26) d en A, 12 d en B, unir el ovillo nro 2 de A, 2d en A, 12 d en B, 20 (26) d en A.
Próxima hilera: 20 (26) r en A, 11r en B, 4r en A, 11r en B, 20 (26) r en A.
Próxima hilera: 20 (26) d en A, 10 d en B, 6d en A, 10 d en B, 20 (26) d en A.
Próxima hilera: 20 (26) r en A, 9 r en B, 8 r en A, 9 r en B, 20 (26) r en A.
Cortar B y continuar con A únicamente.
Trabajar 10 (12) hileras en pto jersey derecho comenzando con una hilera al d.
Tamaño grande únicamente:
Próxima hilera: 5d, [desl1, 2pjd, pasar el pto desl sobre los ptos tejidos juntos, 10d] 5 veces, desl1, 2pjd, pasar el pto desl sobre los ptos tejidos juntos, 5d. (66 ptos)
Próxima hilera: r.
Ambos tamaños:
Próxima hilera: 4d, [desl1, 2pjd, pasar el pto desl sobre los ptos tejidos juntos, 8d] 5 veces, desl1, 2pjd, pasar el pto desl sobre los ptos tejidos juntos, 4d. (54 ptos)
Próxima hilera y todas las hileras del RL hasta que se indique lo contrario: r.
Próxima hilera del DL: 3d, [desl1, 2pjd, pasar el pto desl sobre los ptos tejidos juntos, 6d] 5 veces, desl1, 2pjd, pasar el pto desl sobre los ptos tejidos juntos, 3d. (42 ptos)
Próxima hilera del DL: 2d, [desl1, 2pjd, pasar el pto desl sobre los ptos tejidos juntos, 4d] 5 veces, desl1, 2pjd, pasar el pto desl sobre los ptos tejidos juntos, 2d. (30 ptos)
Próxima hilera del DL: 1d, [desl1, 2pjd, pasar el pto desl sobre los ptos tejidos juntos, 2d] 5 veces, desl1, 2pjd, pasar el pto desl sobre los ptos tejidos juntos, 1d. (18 ptos)
Próxima hilera: [2pjr] hasta el final. (9 ptos)
Cortar la lana, pasar la hebra entre los ptos restantes, tirar suave pero firmemente y esconder la hebra.

Antes de levantar los puntos para las orejeras, doblar la pieza básica del gorro de manera que los lados más cortos se encuentren en el centro. Colocar un pequeño imperdible a cada lado del gorro sobre la hilera del montaje de puntos para marcar el centro de cada orejera. Levantar el mismo número de puntos de cada lado del marcador para cada orejera.

Orejas
(hacer 2 piezas en A y 2 piezas en B)
Usando agujas de tejer US 9 (5.5 mm) y la lana doble, montar 12 ptos.
Tejer 4 hileras en pto jersey derecho comenzando con una hilera al d.
Hilera 5: 1d, 2pjd, d hasta los últimos 3 ptos, ppt, 1d. (10 ptos)
Hilera 6: r.
Repetir las últimas 2 hileras dos veces más. (6 ptos)
Hilera 11: 1d, 2pjd, ppt, 1d. (4 ptos)
Hilera 12: r.
Hilera 13: 2pjd, ppt. (2 ptos)
Hilera 14: 2pjr. (1 pto)
Cortar la lana, pasar la hebra entre los ptos restantes.

Orejeras

(hacer 2)

Con el DL mirando a la tejedora y usando agujas de tejer US 9 (5.5 mm) y lana doble en A, levantar y tejer al d 12 (14 ptos) a lo largo del borde de montaje para la primera orejera.

Hilera 1: 2d, 8 (10) r, 2d.
Hilera 2: d.
Hilera 3: 2d, 8 (10) r, 2d.

Repetir las hileras 2-3 tres veces más.

Hilera 10: 2d, 2pjd, d hasta los últimos 4 ptos, ppt, 2d. (10/12 ptos)
Hilera 11: 2d, r hasta los últimos 2 ptos, 2d.
Hilera 12: d.
Hilera 13: 2d, r hasta los últimos 2 ptos, 2d.

Repetir las hileras 10 -13 una vez más. (8/10 ptos)

Tamaño grande únicamente:
Hilera 18: 2d, 2pjd, 2d, ppt, 2d. (8 ptos)
Hilera 19: 2d, 4r, 2d.

Ambos tamaños:
Próxima hilera: 2d, 2pjd, ppt, 2d. (6 ptos)
Próxima hilera: 2d, 2r, 2d.
Próxima hilera: d.
Próxima hilera: 2d, 2r, 2d.
Próxima hilera: 1d, 2pjd, ppt, 1d. (4 ptos)

Tejer 3 hileras al d.

Próxima hilera: 2pjd, ppt. (2 ptos)

Tejer 3 hileras al d.

Próxima hilera: 2pjd. (1 pto)

Cortar la lana, pasar la hebra entre los ptos restantes.
Trabajar la segunda orejera sobre el otro lado del gorro.

Nariz

(hacer 1)

Usando agujas US 3 (3.25mm) y C, montar 10 ptos.
Trabajar 2 hileras en pto jersey derecho comenzando con una hilera al d.

Hilera 3: 2pjd, 6d, ppt. (8 ptos)
Hilera 4: 2pjr, 4r, 2pjr. (6 ptos)
Hilera 5: 2pjd, 2d, ppt. (4 ptos)
Hilera 6: [2pjr] 2 veces. (2 ptos)
Hilera 7: 2pjd. (1 pto)

Cortar la lana, pasar la hebra por el pto restante.

Terminación

Para información general acerca de cómo coser el gorro, ver págs. 104-107.

Coser el gorro por la parte de atrás usando la técnica de la costura aplanada (ver pág 104).

Enfrentar los DL de una pieza en color A y una pieza en color B. Coser los lados redondeados y luego dar vuelta las orejas hacia afuera. Coser los bordes inferiores. Colocar las orejas en su lugar.
Hacer la segunda oreja de igual manera.

Usando C, bordar un espiral en pto cadena para cada centro de ojo (ver pág 106). Usando C, bordar un arco en pto cadena arriba de cada ojo.

Coser la nariz en su lugar. Usando C, realizar en pto cadena (ver pág 106) un pequeño tramo hacia abajo hasta el comienzo del borde de pto Santa Clara.

blizzard el reno

Cuando está nevando afuera y necesite mantener su cabeza calentita, no hay nada más abrigado – o francamente nada más apropiado- que un gorro de reno coronado con un par de alegres cuernos. Si usted desea destacarse, téjalo con una nariz roja como la del modelo. Para algo más sutil, teja la nariz en negro o en marrón oscuro. Recuerde: los renos no son solamente para Navidad.

Hilado

2 x ovillos de 1¾ oz (50 g) – cada uno aprox 126 yds (115m) –Rowan Cashsoft DK en color 517 Donkey (A)

1 x ovillo de 1¾ oz (50g) – cada uno aprox 120 yds (110m)- Debbie Bliss Cashmerino DK en color 43 Beige (B)

Pequeñas cantidades de Debbie Bliss Rialto DK en color 12 Red (C)

Pequeñas cantidades de Sirdar Country Style DK en color 417 Black (D) y color 411 Cream (E)

Pequeñas cantidades de vellón para rellenar.

Además necesitará

Agujas de tejer US 9 (5.5 mm) y US 3 (3.25 mm)
Aguja de crochet US 7 (4.5 mm)
Aguja de coser lana
Aguja de bordar de ojo grande
2 imperdibles pequeños

Medidas

3-10 años (+ de 11 años)

Medidas reales

Aprox 17½ pulg /44 cm (19 pulg/48 cm) de circunferencia.

Muestra

15 ptos y 24 hil = un cuadrado de 4 pulg/10cm usando ag US 9 (5.5 mm) en pto jersey derecho y con lana doble.

Gorro básico

(hacer 1)

Usando agujas de tejer US 9 (5.5 mm), montar 66 (72) ptos en A y lana doble.

Colocar una pequeño imperdible en el pto nro 22 (24) en cada uno de los bordes.

Trabajar 22 (26) hileras en pto jersey comenzando con una hilera al d.

Tamaño grande únicamente:

Hilera 27: 5d, [2pjd, 10d] 5 veces, 2pjd, 5d. (66 ptos)

Hilera 28: r.

Ambos tamaños:

Próxima hilera: 4d, [desl1, 2pjd, pasar el pto desl sobre los ptos tejidos juntos, 8d] 5 veces, desl1, 2pjd, pasar el pto desl sobre los ptos tejidos juntos, 4d. (54 ptos)

Próxima hilera y todas las hileras del RL hasta que se indique lo contrario: r.

Próxima hilera del DL: 3d, [desl1, 2pjd, pasar el pto desl sobre los ptos tejidos juntos, 6d] 5 veces, desl1, 2pjd, pasar el pto desl sobre los ptos tejidos juntos, 3d. (42 ptos)

Próxima hilera del DL: 2d, [desl1, 2pjd, pasar el pto desl sobre los ptos tejidos juntos, 4d] 5 veces, desl1, 2pjd, pasar el pto desl sobre los ptos tejidos juntos, 2d. (30 ptos)

Próxima hilera del DL: 1d, [desl1, 2pjd, pasar el pto desl sobre los ptos tejidos juntos, 2d] 5 veces, desl1, 2pjd, pasar el pto desl sobre los ptos tejidos juntos, 1d. (18 ptos)

Próxima hilera (RL): [2pjr] hasta el final. (9 ptos)

Cortar la lana, pasar la hebra entre los ptos restantes, tirar suave pero firmemente y esconder la hebra.

Con el DL mirando a la tejedora y usando doble lana en A levantar y tejer al d 22 (24) ptos a lo largo del borde inferior desde el borde del lado derecho hacia el 1er imperdible.

Trabajar 3 hileras en pto jersey derecho comenzando con una hilera al r.

Próxima hilera: d hasta los últimos 2 ptos, ppt. (21/23 ptos)

Próxima hilera: 2pjr, r hasta el final. (20/22 ptos)

Repetir las últimas 2 hileras 2 (3) veces más. (16 ptos)

Cerrar los ptos.

Con el DL mirando a la tejedora y usando doble lana en A levantar y tejer al d 22 (24) ptos a lo largo del borde inferior desde el el segundo imperdible hacia el lado izquierdo.

Trabajar 3 hileras en pto jersey derecho comenzando con una hilera al r.

Próxima hilera: 2pjd, d hasta el final. (21/23 ptos)

Próxima hilera: r hasta los últimos 2 ptos, 2pjr. (20/22 ptos)

Repetir las últimas 2 hileras 2 (3) veces más. (16 ptos)

Cerrar los ptos.

Orejas *(hacer 4 piezas)*

Usando agujas de tejer US 9 (5.5 mm) y A, montar 10 ptos con la lana doble.

Tejer 8 hileras en pto jersey derecho comenzando con una hilera al d.

Hilera 9: 1d, 2pjd, d hasta los últimos 3 ptos, ppt, 1d. (8 ptos)

Hilera 10: r.

Repetir las hileras 9-10 una vez más. (6 ptos)

Hilera 13: 1d, 2pjd, ppt, 1d. (4 ptos)

Hilera 14: [2pjr] dos veces. (2 ptos)

Hilera 15: 2pjd. (1 pto)

Cortar la lana, pasar la hebra por el pto restante.

Cuernos *(hacer 4 piezas)*

Usando agujas de tejer US 3 (3.25 mm) y color B, montar 5 ptos.

Tejer 8 hileras en pto jersey derecho comenzando con una hilera al d.

Hilera 9: 1aum, 2d, 1aum, 1d. (7 ptos)

Hilera 10: 1aumr, r hasta los últimos 2 ptos, 1aumr, 1r. (9 ptos)

Hilera 11: 1aum, d hasta los últimos 2 ptos, 1aum, 1d. (11 ptos)

Hilera 12: r.

Hilera 13: 4d, 1aumep, 3d, 1aumep, 4d. (13 ptos)

Hilera 14: 4r. Girar la labor y trabajar solamente en estos 4 ptos, dejando los ptos restantes sobre la aguja.

Tejer 2 hileras en pto jersey derecho comenzando con una hilera al d.

Hilera 17: 2pjd, ppt. (2 ptos)

Hilera 18: 2pjr. (1 pto)

Cortar la lana, pasar la hebra por el pto restante.

Unir nuevamente lana a los ptos restantes en el RL.

Próxima hilera: 5r, girar la labor y trabajar solamente sobre esos 5 ptos, dejando los ptos restantes sobre la aguja.

Tejer 5 hileras en pto jersey derecho comenzando con una hilera al d.

Próxima hilera: 2pjr, 1r, 2pjr. (3 ptos)

Próxima hilera: desl1, 2pjd, pasar el pto desl sobre los ptos tejidos juntos. (1 pto)

Cortar la lana, pasar la hebra por el pto restante.

Unir nuevamente lana a los 4 ptos restantes en el RL.

Tejer 3 hileras en pto jersey derecho comenzando con una hilera al r.

Próxima hilera: 2pjd, ppt. (2 ptos)

Próxima hilera: 2pjr. (1 pto)

Cortar la lana, pasar la hebra por el pto restante.

Nariz *(hacer 1)*

Usando agujas US 3 (3.25mm) y C, montar 8 ptos.

Hilera 1: 1aum, d hasta los últimos 2 ptos, 1aum, 1d. (10 ptos)

Hilera 2: 1aumr, r hasta los últimos 2 ptos, 1aumr, 1r. (12 ptos)

Hilera 3: 1aum, d hasta los últimos 2 ptos, 1aum, 1d. (14 ptos)

Tejer 3 hileras en pto jersey derecho comenzando con una hilera al r.

Hilera 7: 1d, 2pjd, d hasta los últimos 3 ptos, ppt, 1d. (12 ptos)

Hilera 8: 2pjr, r hasta los últimos 2 ptos, 2pjr. (10 ptos)

Hilera 9: 1d, 2pjd, d hasta los últimos 3 ptos, ppt, 1d. (8 ptos)

Cerrar los ptos al r.

Terminación

Para información general acerca de cómo coser el gorro, ver págs. 104-107.

Coser el gorro por la parte de atrás usando la técnica de la costura aplanada (ver pág 104).

Enfrentar los DL de las piezas de las orejas. Hacer lo mismo para la segunda oreja. Doblar las orejas por la mitad a lo largo y colocar las orejas en su lugar por su lado más corto de manera que el mismo quede paralelo al borde inferior del gorro.

Enfrentar los DL de los cuernos. Coser alrededor por los bordes, dejando una apertura en la parte inferior para rellenarlos. Dar vuelta los cuernos hacia el DL y rellenarlos. Hacer el otro cuerno de la misma manera. Colocar los cuernos en su lugar.

Coser los lados redondeados y luego dar vuelta las orejas hacia afuera. Coser los bordes inferiores. Colocar las orejas en su lugar.

Usando C, bordar un espiral en pto cadena para cada centro de ojo (ver pág 106). Usando C, bordar un arco en pto cadena arriba de cada ojo.

Coser la nariz en su lugar. Usando C, realizar en pto cadena (ver pág 106) un pequeño tramo hacia abajo hasta el comienzo del borde de pto Santa Clara.

Usando D, bordar un espiral en pto cadena para cada centro de ojo (ver pág 106). Usando E, bordar un espiral en pto cadena alrededor de cada centro del ojo.

Coser la nariz en su lugar.

Usando la aguja de crochet y una hebra de lana de color B, trabajar una terminación de crochet (ver pág 107) alrededor de todo el borde inferior del gorro, comenzando y terminando en la costura trasera.

scorch el dragón

Más bonito que terrible, este pasamontaña con estilo dragón lo protegerá incluso en los días más fríos. Aún cuando no lo use contra el frío, este gorro será un agregado bien recibido en el guardarropa de cualquier muchacho, particularmente si hay un caballero valiente. Tejido en una lana suave y doble en dos tonos de verde, este gorro se completa con su cresta y sus orejas de diseño especial.

Hilado
1 x ovillo de 1³/₄ oz (50 g) – cada uno aprox 126 yds (115m) –Rowan Cashsoft DK en color 541 Spruce (A)
1 x ovillo de 1³/₄ oz (50g) – cada uno aprox 136 yds (125m)- Rowan Pure Wool DK en color 19 Avocado (B)
Pequeñas cantidades de vellón para rellenar.

Además necesitará
Agujas de tejer US 5 (3.75 mm)
Aguja de coser lana
Aguja de bordar de ojo grande
2 sostenedores de puntos o imperdibles grandes

Medidas
3-10 años

Medidas reales
Aprox 10 pulg /25 cm de circunferencia de cuello, 11 pulg/ 28 cm de alto.

Muestra
23 ptos y 30 hil = un cuadrado de 4 pulg/10cm usando ag US 5 (3.75 mm) en pto jersey derecho.

Gorro
(hacer 1)
Usando agujas de tejer US 5 (3.75 mm) y A, montar 70 ptos sin ajustar.
Hil 1: [2d, 2r] hasta los últimos 2 ptos, 2d.
Hil 2: [2r, 2d] hasta los últimos 2 ptos, 2r.
Repetir las primeras 2 hileras 9 veces más.
Hil 21: [2d, 2r] 14 veces, 2d, dejando los 12 ptos restantes en el sostenedor de ptos o en un imperdible grande. (58 ptos en la aguja)
Hil 22: [2r, 2d] 11 veces, 2r, dejando los 12 ptos restantes en el sostenedor de ptos o en un imperdible grande. (46 ptos en la aguja)
Hil 23: [3d, 1aumep] 7 veces, 4d, [1aumep, 3d] 7 veces. (60 ptos)
Hil 24: r.
Cortar A y unir B.

Trabajar 42 hileras en pto jersey derecho empezando con una hilera de puntos al d.
Hilera 67: 3d, 1aumep, d hasta los últimos 3 ptos, 1aumep, 3d. (62 ptos)
Trabajar 3 hileras en pto jersey derecho empezando con una hilera de puntos al d.
Repetir las hileras 67-70 una vez más. (64 ptos)
Hilera 75: 42d, desl1, 1d, pasar el pto desl sobre los ptos tejidos juntos, girar la labor.
Hilera 76: 21r, 2pjr, girar la labor.
Hilera 77: 21d, desl1, 1d, pasar el pto desl sobre los ptos tejidos juntos, girar la labor.
Repetir las 2 últimas hileras 17 veces más.
Hilera 112: 21r, 2pjr, girar la labor.
Hilera 113: 4d, 2pjd, 10d, ppt, 3d, desl1, 1d, pasar el pto desl sobre los ptos tejidos juntos, girar la labor.
Hilera 114: 21r, 2pjr, girar la labor.
Hilera 115: 4d, 2pjd, 8d, ppt, 3d, desl1, 1d, pasar el pto desl sobre los ptos tejidos juntos.

Hilera 116: r hasta los últimos 2 ptos, 2pjr. (18 ptos)
Cortar la hebra y dejar los ptos sobre la aguja.
Con el DL mirando a la tejedora y usando A, tejer [2d, 2r] 3 veces sobre los 12 ptos del sostenedor de ptos de la derecha, levantar y tejer al d 34 ptos a lo largo del lado derecho del gorro espaciados adecuadamente, tejer 18d de la aguja, levantar y tejer al d 34 ptos a lo largo del lado izquierdo del gorro espaciados adecuadamente, tejer [2r, 2d] 3 veces sobre los 12 ptos del sostenedor izquierdo de ptos. (110 ptos)
Próxima hilera: [2r, 2d] hasta los últimos 2 ptos, 2r.
Próxima hilera: [2d, 2r] hasta los últimos 2 ptos, 2d.
Repetir las 2 últimas hileras dos veces más.
Cerrar los ptos sin ajustar, manteniendo la secuencia 2d, 2r.

Crestas

Cresta pequeña
(hacer 2 piezas)
Usando agujas de tejer US 5 (3.75 mm) y A, montar 16 ptos.
Trabajar 2 hileras en pto jersey derecho empezando con una hilera de puntos al d.
Hilera 3: 1d, 2pjd, d hasta los últimos 3 ptos, ppt, 1d. (14 ptos)
Hilera 4: r.
Repetir las hileras 3-4 cuatro veces más. (6 ptos)
Hilera 13: 1d, 2pjd, ppt, 1d. (4 ptos)
Hilera 14: [2pjr] dos veces. (2 ptos)
Hilera 15: 2pjd. (1 pto)
Cortar la lana, pasar la hebra por el pto restante.

Cresta mediana
(hacer 2 piezas)
Usando agujas de tejer US 5 (3.75 mm) y A, montar 20 ptos.
Trabajar 2 hileras en pto jersey derecho empezando con una hilera de puntos al d.
Hilera 3: 1d, 2pjd, d hasta los últimos 3 ptos, ppt, 1d. (18 ptos)
Hilera 4: r.
Repetir las hileras 3-4 seis veces más. (6 ptos)
Hilera 17: 1d, 2pjd, ppt, 1d. (4 ptos)
Hilera 18: [2pjr] dos veces. (2 ptos)
Hilera 19: 2pjd. (1 pto)
Cortar la lana, pasar la hebra por el pto restante.

Cresta grande
(hacer 2 piezas)
Usando agujas de tejer US 5 (3.75 mm) y A, montar 24 ptos.
Trabajar 2 hileras en pto jersey derecho empezando con una hilera de puntos al d.
Hilera 3: 1d, 2pjd, d hasta los últimos 3 ptos, ppt, 1d. (22 ptos)
Hilera 4: r.
Repetir las hileras 3-4 ocho veces más. (6 ptos)
Hilera 21: 1d, 2pjd, ppt, 1d. (4 ptos)
Hilera 22: [2pjr] dos veces. (2 ptos)
Hilera 23: 2pjd. (1 pto)
Cortar la lana, pasar la hebra por el pto restante.

Orejas
(hacer 2)
Usando ag US 5 (3.75 mm) y A, montar 24 ptos.
Trabajar 8 hileras en pto jersey derecho empezando con una hilera de puntos al d.
Hilera 9: 2d, 2pjd, 4d, ppt, 4d, 2pjd, 4d, ppt, 2d. (20 ptos)
Hilera 10 y todas las hileras del RL hasta que se indique lo contrario: r
Hilera 11 (DL): 2d, 2pjd, 2d, ppt, 4d, 2pjd, 2d, ppt, 2d. (16 ptos)
Hilera 13 (DL): 2d, 2pjd, ppt, 4d, 2pjd, ppt, 2d. (12 ptos)
Hilera 15 (DL): 1d, 2pjd, ppt, 2d, 2pjd, ppt, 1d. (8 ptos)
Hilera 17 (DL): 1d, 2pjd, 2d, ppt, 1d. (6 ptos)
Hilera 19 (DL): 1d, 2pjd, ppt, 1d. (4 ptos)
Hilera 21 (DL): 2pjd, ppt. (2 ptos)
Hilera 22 (RL): 2pjr. (1 pto)
Cortar la lana, pasar la hebra por el pto restante.

Terminación
Para información general acerca de cómo coser el gorro, ver págs. 104-107.
Coser el gorro por la parte de adelante en el cuello usando la técnica de la costura aplanada (ver pág 104).
Colocar las crestas con los DL hacia afuera y coser alrededor por los bordes, dejando una apertura en la parte inferior para rellenarlas. Luego, coserlas en la parte inferior. Coser las crestas a lo largo de la cabeza hacia atrás del gorro, de tal manera que queden la cresta más grande, inmediatamente después del puño inferior, la cresta mediana, en el medio y la cresta más pequeña en la parte superior.
Coser los costados de las orejas con el DL hacia afuera. Colocar las orejas en la parte superior del gorro y coserlas.

bamboo el panda

Este tímido y gran consumidor de bamboo de la China es uno de los animales más llamativos sobre la Tierra. Usted puede hacer ahora algo más para aumentar su popularidad, tejiendo su propio gigante en peligro !! Muy sencillo de tejer, solamente en blanco y negro, puede evocar este lindo cachorro de panda en algo más que en una tarde de lluvia.

Hilado
1 x ovillo de 1³/₄ oz (50 g) - cada uno aprox 127 yds (116m) - Sublime Extra Fine Merino DK en color 13 Jet Black (A)
1 (2) ovillo (s) de 1³/₄ oz (50g) - cada uno aprox 98 yds (90 m)- Patons Fairytale DK en color 51 White (B)

Además necesitará
Agujas de tejer US 9 (5.5 mm) y US 3 (3.25 mm)
Aguja de coser lana
Aguja de bordar de ojo grande

Medidas
3-10 años (+ de 11 años)

Medidas reales
Aprox 16 pulg /41 cm (19.5 pulg/ 49 cm) de circunferencia.

Muestra
16 ptos y 21 hil = un cuadrado de 4 pulg/10cm usando ag US 9 (5.5 mm) en pto jersey derecho y lana doble.

Gorro
(hacer 1)
Usando agujas de tejer US 9 (5.5 mm), montar 66 (78) ptos en A con la lana doble.
Hilera 1: [2d, 2r] hasta los últimos 2 ptos, 2d.
Hilera 2: [2r, 2d] hasta los últimos 2 ptos, 2r.
Repetir las hileras 1-2 una vez más.
Cortar A y unir B, usando la lana doble.
Trabajar 24 (28) hileras en pto jersey derecho comenzando con una hilera al d.
Tamaño grande únicamente:
Hilera 33: 5d, [desl1, 2pjd, pasar el pto desl sobre los ptos tejidos juntos, 10d] 5 veces, desl1, 2pjd, pasar el pto desl sobre los ptos tejidos juntos, 5d. (66 ptos)
Hilera 34: r.
Ambos tamaños:
Próxima hilera: 4d, [desl1, 2pjd, pasar el pto desl sobre los ptos tejidos juntos, 8d] 5 veces, desl1, 2pjd, pasar el pto desl sobre los ptos tejidos juntos, 4d. (54 ptos)
Próxima hilera y todas las hileras del RL hasta que se indique lo contrario: r.
Próxima hilera del DL: 3d, [desl1, 2pjd, pasar el pto desl sobre los ptos tejidos juntos, 6d] 5 veces, desl1, 2pjd, pasar el pto desl sobre los ptos tejidos juntos, 3d. (42 ptos)
Próxima hilera del DL: 2d, [desl1, 2pjd, pasar el pto desl sobre los ptos tejidos juntos, 4d] 5 veces, desl1, 2pjd, pasar el pto desl sobre los ptos tejidos juntos, 2d. (30 ptos)
Próxima hilera del DL: 1d, [desl1, 2pjd, pasar el pto desl sobre los ptos tejidos juntos, 2d] 5 veces, desl1, 2pjd, pasar el pto desl sobre los ptos tejidos juntos, 1d. (18 ptos)
Próxima hilera (RL): [2pjr] hasta el final. (9 ptos)
Cortar la lana, dejando una hebra larga.
Pasar la hebra entre los ptos restantes, tirar suave pero firmemente y esconder la hebra.

Orejas
(hacer 2)
Usando agujas de tejer US 9 (5.5mm) y A, montar 10 ptos usando la lana doble.
Trabajar 6 hileras en pto jersey derecho comenzando con una hilera al d.
Hilera 7: 2pjd, 6d, ppt. (8 ptos)
Hilera 8: 2pjr, 4r, 2pjr. (6 ptos)
Hilera 9: 2pjd, 2d, ppt. (4 ptos)

Hilera 10: [2pjr] dos veces. (2 ptos)
Hilera 11: [1aum] dos veces. (4 ptos)
Hilera 12: [1aumr, 1r] dos veces. (6 ptos)
Hilera 13: 1aum, 3d, 1aum, 1d. (8 ptos)
Hilera 14: 1aumr, 5r, 1aumr, 1r. (10 ptos)
Trabajar 6 hileras en pto jersey derecho comenzando con una hilera al d.
Cerrar los ptos.

Parches del ojo
(hacer 2)
Usando agujas de tejer US 3 (3.25 mm) y A, montar 6 ptos.
Hilera 1: 1aum, d hasta los últimos 2 ptos, 1aum, 1d. (8 ptos)
Hilera 2: 1aumr, r hasta los últimos 2 ptos, 1aumr, 1r. (10 ptos)
Repetir las hileras 1-2 una vez más. (14 ptos)
Trabajar 6 hileras en pto jersey derecho comenzando con una hilera al d.
Hilera 11: 2pjd, d hasta los últimos 2 ptos, ppt. (12 ptos)
Hilera 12: 2pjr, r hasta los últimos 2 ptos, 2pjr. (10 ptos)
Repetir las hileras 11-12 una vez más. (6 ptos)
Cerrar los ptos.

Terminación
Para información general acerca de cómo coser el gorro, ver págs. 104-107.

Coser el gorro por la parte de atrás usando la técnica de la costura aplanada (ver pág 104).

Doblar las orejas por la mitad a lo ancho con los DL enfrentados de manera que el borde de montaje coincida con el borde de cerrado de ptos. Coser los bordes curvos y dar vueltas las orejas hacia afuera, coser los bordes inferiores. Colocar las orejas en su lugar.
Coser los parches en su lugar, ligeramente hacia abajo y los costados del gorro.

Usando B, bordar un espiral en pto cadena para cada centro de ojo (ver pág 106), dejando el centro en color A.

Usando A, bordar un triángulo en pto cadena para la nariz.
Usando A, trabajar una línea de ptos cadenas hacia abajo.

gorros atractivos para corazones jóvenes

ozzie el koala

Este gorro es perfecto para esa persona que disfruta trepar a los árboles de eucaliptus y mordisquear sus hojas. Si usted no conoce a nadie dentro de esta categoría, siempre puede tejérselo a alguien que adore a este marsupial narigón con ojos de perlitas que habita en Australia.

Hilado
2 x ovillos de 1¾ oz (50 g) – cada uno aprox 109 yds (100m) – Katia Maxi Merino en color 12 Gray (A)
Pequeñas cantidades de Wendy Osprey en color 2681 Cream (B)
Pequeñas cantidades de Sirdar Country Style DK en color 417 Black (C)

Además necesitará
Agujas de tejer US 9 (5.5 mm) y US 3 (3.25 mm)
Aguja de coser lana
Aguja de bordar de ojo grande
2 imperdibles pequeños
Un pequeño cepillo de dientes de nylon

Medidas
3-10 años (11 años y más)

Medidas reales
Aprox 16 pulg /41 cm (19½ pulg/49 cm) de circunferencia.

Muestra
16 ptos y 22 hil = un cuadrado de 4 pulg/10cm usando ag US 9 (5.5 mm) en pto jersey derecho.

Gorro
(*hacer 1*)
Usando agujas de tejer US 9 (5.5 mm) y A, montar 66 (78) ptos.
Hilera 1: [2d, 2r] hasta los últimos 2 ptos, 2d.
Hilera 2: [2r, 2d] hasta los últimos 2 ptos, 2r.
Repetir las hileras 1-2 una vez más.
Trabajar 24 (28) hileras en pto jersey comenzando con una hilera al d
Tamaño grande únicamente:
Hilera 33: 5d, [desl1, 2pjd, pasar el pto desl sobre los ptos tejidos juntos, 10d] 5 veces, desl1, 2pjd, pasar el pto desl sobre los ptos tejidos juntos, 5d. (66 ptos)
Hilera 34: r.
Ambos tamaños:
Próxima hilera: 4d, [desl1, 2pjd, pasar el pto desl sobre los ptos tejidos juntos, 8d] 5 veces, desl1, 2pjd, pasar el pto desl sobre los ptos tejidos juntos, 4d. (54 ptos)
Próxima hilera y todas las hileras del RL: r.
Próxima hilera del DL: 3d, [desl1, 2pjd, pasar el pto desl sobre los ptos tejidos juntos, 6d] 5 veces, desl1, 2pjd, pasar el pto desl sobre los ptos tejidos juntos, 3d. (42 ptos)
Próxima hilera del DL: 2d, [desl1, 2pjd, pasar el pto desl sobre los ptos tejidos juntos, 4d] 5 veces, desl1, 2pjd, pasar el pto desl sobre los ptos tejidos juntos, 2d. (30 ptos)
Próxima hilera del DL: 1d, [desl1, 2pjd, pasar el pto desl sobre los ptos tejidos juntos, 2d] 5 veces, desl1, 2pjd, pasar el pto desl sobre los ptos tejidos juntos, 1d. (18 ptos)
Cerrar los ptos al d en una hilera del RL.

Orejas
(*hacer 4 piezas*)
Usando agujas de tejer US 9 (5.5 mm) y A, montar 12 ptos.
Tejer 4 hileras en pto jersey derecho comenzando con una hilera al d.
Cortar A y unir B, usando la lana doble.
Trabajar 4 hileras en pto jersey derecho comenzando con una hilera al d.
Hilera 9: 1d, 2pjd, d hasta los últimos 3 ptos, ppt, 1d. (10 ptos)
Hilera 10: 2pjr, r hasta los últimos 2 ptos, 2pjr. (8 ptos)
Cerrar los ptos.

Orejeras
(*hacer 2*)
Con el DL mirando a la tejedora y usando US 9 (5.5 mm) y A, levantar y tejer al d 12 (14) ptos a lo largo de la línea de montaje de ptos para la primera orejera.

Hilera 1: 2d, r hasta los últimos 2 ptos, 2d.

Hilera 2: d.

Hilera 3: 2d, r hasta los últimos 2 ptos, 2d.

Repetir las hileras 2-3 dos veces (una vez) más.

Próxima hilera: 2d, 2pjd, 4 (6) d, ppt, 2d. (10/12 ptos)

Próxima hilera: 2d, r hasta los últimos 2 ptos, 2d.

Próxima hilera: 2d, 2pjd, 2 (4) d, ppt, 2d. (8/10 ptos)

Próxima hilera: 2d, r hasta los últimos 2 ptos, 2d.

Tamaño grande únicamente:

Próxima hilera: 2d, 2pjd, 2d, ppt, 2d. (8 ptos)

Próxima hilera: 2d, r hasta los últimos 2 ptos, 2d.

Ambos tamaños:

Próxima hilera: 2d, 2pjd, ppt, 2d. (6 ptos)

Próxima hilera: 2pjd, 2d, ppt. (4 ptos)

Próxima hilera: 2pjd, ppt. (2 ptos)

Próxima hilera: 2pjd. (1 pto)

Cortar la lana y pasarla a través del pto restante.

Trabajar la segunda orejera de la misma manera.

Nariz

Usando agujas US 3 (3.25 mm) y C, montar 8 ptos.

Hilera 1: 1aum, d hasta los últimos 2 ptos, 1aum, 1d. (10 ptos)

Hilera 2: r.

Repetir las hileras 1-2 dos veces más. (14 ptos)

Trabajar 8 hileras en pto jersey derecho comenzando con una hilera al d.

Hilera 15: 2pjd, d hasta los últimos 2 ptos, ppt. (12 ptos)

Hilera 16: r.

Repetir las hileras 15-16 una vez más. (10 ptos)

Hilera 19: 2pjd, d hasta los últimos 2 ptos, ppt. (8 ptos)

Cerrar los ptos al d en el RL.

Terminación

Para información general acerca de cómo coser el gorro, ver págs. 104-107.

Coser el gorro por la parte de atrás usando la técnica de la costura aplanada (ver pág 104).

Enfrentar los DL de las piezas de las orejas. Coser los bordes, dejando el lado inferior abierto, luego dar vuelta. Hacer lo mismo para la segunda oreja. Colocar las orejas en su lugar y coser. Para darle a las orejas un look más realista, cepillarlas vigorosamente con el cepillo de dientes.

Coser la nariz en su lugar.

Usando C, bordar un espiral en pto cadena (ver pág. 106) para cada ojo.

Antes de levantar los puntos para las orejeras, doblar la pieza básica del gorro: los lados más cortos deben encontrarse en el centro. Colocar un pequeño imperdible a los lados del gorro sobre la hilera del montaje de puntos para marcar el centro de las orejeras. Levantar el mismo número de puntos de cada lado del marcador para cada orejera.

Tip

el gato furtivo

Aterciopelado, suave y femenino... las tres mejores palabras para describir este gorro de gatito. Trabajado en un hermoso y esponjoso hilado de alpaca en un rico color gris, este maravilloso felino tiene ojos inclinados y un aire de superioridad. Teja uno para alguien que tenga a un gatito del mismo color para que haga juego. El gorro está diseñado para que quede en lo alto de la cabeza, pero si lo quere un poco más largo, simplemente agregue unas pocas hileras cuando esté tejiendo la parte principal del gorro.

Hilados

2 x ovillos de 1³/₄ oz (50 g) – cada uno aprox 75 yds (80m) – Wendy Norse Chunky en color 2701 Porpoise (A)

1 x ovillo de 1³/₄ oz (50 g) – cada uno aprox 113 yds (112m) – King Cole Merino Blend DK en color 857 Bark (B)

Pequeñas cantidades de Sirdar Country Style DK en color 411 Cream (C), color 417 Black (D), y color 434 Silver Cloud (E)

Además necesitará

Agujas de tejer US 9 (5.5 mm), US 10.5 (6.5 mm) y US 3 (3.25 mm)

Aguja de coser lana

Aguja de bordar de ojo grande

Medidas

5-10 años (11 años y más)

Medidas reales

Aprox 18 pulg /46 cm (21 pulg/53 cm) de circunferencia.

Muestra

16 ptos y 20 hil = un cuadrado de 4 pulg/10cm usando ag US 10.5 (6.5 mm) en pto jersey derecho.

Gorro (*hacer 1*)

Usando agujas de tejer US 9 (5.5 mm), montar 72 (82) ptos en color A.

Tamaño grande únicamente:

Hilera 1: [2d, 2r] hasta los últimos 2 ptos, 2d.

Hilera 2: [2r, 2d] hasta los últimos 2 ptos, 2r.

Repetir las hileras 1-2 una vez más.

Tamaño pequeño únicamente:

Hilera 1: [2d, 2r] hasta el final.

Repetir la última hilera 3 veces más.

Cambiar a agujas nro Us 10.5 (6.5 mm).

Trabajar 16 (14) hileras en pto jersey derecho comenzando con una hilera al d.

Tamaño grande únicamente:

Próxima hilera: 4d, [ppt, 6d] 5 veces, [2pjd, 6d] 4 veces, 2pjd, 4d. (72 ptos)

Trabajar 3 hileras en pto jersey comenzando con una hilera al r.

Ambos tamaños:

Próxima hilera: 3d, [desl1, 2pjd, pasar el pto desl sobre los ptos tejidos juntos, 4d] 9 veces, desl1, 2pjd, pasar el pto desl sobre los ptos tejidos juntos, 3d. (52 ptos)

Trabajar 3 hileras en pto jersey derecho comenzando con una hilera al r.

Próxima hilera: 2d, [desl1, 2pjd, pasar el pto desl sobre los ptos tejidos juntos, 2d] 9 veces, desl1, 2pjd, pasar el pto desl sobre los ptos tejidos juntos, 2d. (32 ptos)

Trabajar 3 hileras en pto jersey derecho comenzando con una hilera al r.

Próxima hilera: 1d, [desl1, 2pjd, pasar el pto desl sobre los ptos tejidos juntos] 10 veces, 1d. (12 ptos)

Cortar la lana, dejando una hebra larga. Pasar la hebra entre los ptos restantes, tirar suave pero firmemente y esconder la hebra.

Orejas (*hacer 2 piezas en A y 2 piezas en B*)

Usando agujas de tejer US 10.5 (6.5 mm) y B, con hilado triple, montar 10 ptos.

Tejer 2 hileras en pto jersey derecho comenzando con una hilera al d.

Hilera 3: 1d, 2pjd, d hasta los últimos 3 ptos, ppt, 1d. (8 ptos)

Hilera 4: r.

Repetir las hileras 3-4 una vez más. (6 ptos)

Hilera 7: 1d, 2pjd, ppt, 1d. (4 ptos)

Hilera 8: [2pjr] dos veces. (2 ptos)

Hilera 9: 2pjd. (1 pto)

Cortar la lana y pasarla a través del pto restante.

Parte externa de los ojos (hacer 2)

Los ojos están trabajados desde adentro hacia afuera.
Usando las agujas US 3 (3.25 mm) y C, montar 2 ptos.
Hilera 1: [1aum] dos veces. (4 ptos)
Hilera 2: r.
Hilera 3: 1aumr, d hasta los últimos 2 ptos, 1aum, 1d. (6 ptos)
Hilera 4: r.
Repetir las hileras 3-4 una vez más. (8 ptos)
Trabajar 6 hileras en pto jersey derecho comenzando con una hilera al d.
Hilera 13: 2pjd, d hasta los últimos 2 ptos, ppt. (6 ptos)
Hilera 14: r.
Repetir las hileras 13-14 una vez más. (4 ptos)
Hilera 17: 2pjd, ppt. (2 ptos)
Hilera 18: 2pjr. (1 pto).
Cortar la lana y pasarla a través del pto restante.

Nariz (hacer 1)

Usando agujas US 3 (3.25 mm) y D, montar 10 ptos.
Trabajar 2 hileras en pto jersey derecho comenzando con una hilera al d.
Hilera 3: 2pjd, d hasta los últimos 2 ptos, ppt. (8 ptos)
Hilera 4: r.
Repetir las hileras 3-4 dos veces más. (4 ptos)
Hilera 7: 2pjd, ppt. (2 ptos)
Hilera 8: 2pjr. (1 pto)
Cortar la lana y pasarla a través del pto restante.

Terminación

Para información general acerca de cómo coser el gorro, ver págs. 104-107. Coser el gorro por la parte de atrás usando la técnica de la costura aplanada (ver pág 104).
Enfrentar los DL de una pieza en color A y una pieza en color B. Coser los lados usando A y luego dar vuelta la oreja hacia afuera. Coser los bordes inferiores. Hacer la otra oreja de la misma

manera. Colocar las orejas en su lugar. Coser la parte externa de los ojos en su lugar, recordando que deben quedar inclinados suavemente como aparece en la fotografía.
Usando D, bordar un espiral en pto cadena para cada centro de ojo (ver pág 106), y 4 ptos rectos arriba de cada ojo para formar las pestañas. Coser la nariz en su lugar. Usando D en forma doble, realizar una línea en pto cadena desde la nariz hacia el borde del gorro. Usando E, bordar los bigotes en pto yerba (ver pág 106).

mitones del gato furtivo

Tejidos en un hermoso tono gris oscuro, estos tibios mitones sin dedos coordinan perfectamente con el gorro de gatito de la pág 74. Mantendrá sus manos tan calientes como una tostada, aún en los días más fríos del invierno.

Hilado
1 x ovillo de 3½ oz (100 g) – cada uno aprox 87 yds (80m) – Rowan Big en color 7 Smoky (A)
1 x ovillo de 3½ oz (100 g) – cada uno aprox 262 yds (240m) – Katia Merino Blend DK en color 25 Pale Pink (B)

Además necesitarás
Agujas de tejer US 10.5 (6.5 mm) y US 3 (3.25 mm)
Sostenedor de puntos
Aguja de coser lana
Aguja de bordar de ojo grande

Medidas
7-10 años (11 años y más)

Medidas reales
Aprox 3 pulg /8 cm (4 pulg/10 cm) de ancho.

Muestras
11 ptos y 16 hil = un cuadrado de 4 pulg/10cm usando ag US 10.5 (6.5 mm) en pto jersey derecho.

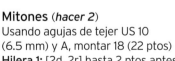

Mitones (*hacer 2*)
Usando agujas de tejer US 10 (6.5 mm) y A, montar 18 (22 ptos)
Hilera 1: [2d, 2r] hasta 2 ptos antes del final, 2d.
Hilera 2: [2r, 2d] hasta 2 ptos antes del final, 2r.
Repetir las primeras 2 hileras 4(5) veces.
Trabajar 6 (8) hileras en pto jersey derecho comenzando con una hilera al d.
Próxima hilera: 8 (9) d, 1aumep, 2 (4) d, 1aumep, 8 (9) d. (20/24 ptos).

Próxima y todas las hileras del RL: r.
Próxima hilera del DL: 8 (9) d, 1aumep, 4 (6) d, 1aumep, 8 (9) d. (22/26 ptos).
Próxima hilera del DL: 8 (9) d, 1aumep, 6 (8) d, 1aumep, 8 (9) d. (24/28 ptos).
Próxima hilera del DL: 8 (9) d, cortar la lana, colocar los próximos 8 (10) ptos en el sostenedor de ptos, unir nuevamente la lana, 8 (9) d. (16/18 ptos).
Trabajar 3 (5) hileras en pto jersey derecho comenzando con una hilera al r.
Próxima hilera: r.
Cerrar los ptos al d.
Colocar los 10 ptos del sostenedor de puntos en la aguja US 10.5 (6.5mm). Trabajar 3 hileras en pto jersey derecho comenzando con una hilera al d. Cerrar los ptos al r.

Almohadillas
Almohadilla principal (*hacer 2*)
Usando las agujas US 3 (3.25 mm) y B, montar 16 ptos.
Trabajar 6 hileras en pto jersey derecho comenzando con una hilera al d.
Hilera 7: 2pjd, d hasta los últimos 2 ptos, ppt. (14 ptos)
Hilera 8: r.
Repetir las hileras 7-8 tres veces más. (8 ptos)
Hilera 15: 2pjd, d hasta los últimos 2 ptos, ppt. (6 ptos)
Cerrar los ptos al d en el RL.

Almohadillas pequeñas (*hacer 6*)
Usando las agujas US 3 (3.25 mm) y B, montar 4 ptos.
Hilera 1: 1aum, 1d, 1aum, 1d. (6 ptos)
Hilera 2: r.
Hilera 3: 2pjd, 2d, ppt. (4ptos)
Hilera 4: [2pjr] dos veces. (2 ptos)
Hilera 5: 2pjd. (1 pto)
Cortar la lana y pasarla a través del pto restante.

Terminación
Coser las costuras de los mitones y de los pulgares usando la técnica de la costura aplanada (ver pág 104). Coser las almohadillas en su lugar, recordando que el agujero del pulgar para un mitón debe estar a la derecha y el orificio del pulgar para el otro mitón debe estar a la izquierda.

el tigre kitty

Con este lindo gorro rayado usted podrá gruñir y rugir. El gorro tiene orejeras calentitas fáciles de tejer para agregar tibieza y estilo, aunque se pueden omitir si desea un look más simple. La parte principal del gorro está tejido usando la lana doble en negro y un hermoso tono de naranja.

Hilado

2 x ovillos de 1³/₄ oz (50 g) - cada uno aprox 164 yds (150m) - Click Sirdar DK en color 188 Rustica (A)

1 x ovillo de 1³/₄ oz (50 g) - cada uno aprox 164 yds (150m) - Click Sirdar DK en color 138 Black (B)

Pequeñas cantidades de Sirdar Country Style DK en color 411 Cream (C)

Además necesitarás

Agujas de tejer US 9 (5.5 mm) y US 3 (3.25 mm)

Aguja de coser lana

Aguja de bordar de ojo grande

2 imperdibles pequeños

Medidas

3-10 años (11 años y más)

Medidas reales

Aprox 16 pulg /41 cm (19¹/₂ pulg/49 cm) de circunferencia.

Muestra

16 ptos y 22 hil = un cuadrado de 4 pulg/10cm usando ag US 9 (5.5 mm) y la lana doble en pto jersey derecho.

Gorro

(hacer 1)

Usando agujas de tejer US 9 (5.5 mm), montar 66 (78) ptos en A usando la lana doble.

Tejer 4 hileras al d.

Tejer 4 hileras en pto jersey derecho comenzando con una hilera al d.

Cortar A y unir B, usando la lana doble.

Hilera 9: 26 (32) d en B, unir A, 14d en A, d en B hasta el final.

Hilera 10: 26 (32) r en B, 14r en A, r en B hasta el final.

Trabajar 2 hileras en pto jersey en A, comenzando con una hilera al d.

Hilera 13: 29 (35) d en B, 8d en A, d en B hasta el final.

Hilera 14: 29 (35) r en B, 8r en A, r en B hasta el final.

Trabajar 2 hileras en pto jersey derecho en A, comenzando con una hilera al d.

Hilera 17: 26 (32) d en B, 14d en A, d en B hasta el final.

Hilera 18: 26 (32) r en B, 14r en A, r en B hasta el final.

Continuar solamente con A, cortar la lana que ya no se utiliza más.

Trabajar 6 (8) hileras en pto jersey derecho comenzando con una hilera al d.

Tamaño grande únicamente:

Hilera 27: 5d, [desl1, 2pjd, pasar el pto desl sobre los ptos tejidos juntos, 10d] 5 veces, desl1, 2pjd, pasar el pto desl sobre los ptos tejidos juntos, 5d. (66 ptos)

Trabajar 3 hileras en pto jersey derecho comenzando con una hilera al r.

Ambos tamaños:

Próxima hilera: 4d, [desl1, 2pjd, pasar el pto desl sobre los ptos tejidos juntos, 8d] 5 veces, desl1, 2pjd, pasar el pto desl sobre los ptos tejidos juntos, 4d. (54 ptos)

Trabajar 3 hileras en pto jersey derecho comenzando con una hilera al r.

Próxima hilera: 3d, [desl1, 2pjd, pasar el pto desl sobre los ptos tejidos juntos, 6d] 5 veces, desl1, 2pjd, pasar el pto desl sobre los ptos tejidos juntos, 3d. (42 ptos)

Antes de levantar los puntos para las orejeras, doblar la pieza básica del gorro de manera que los lados más cortos se encuentren en el centro. Colocar un pequeño imperdible a cada lado del gorro sobre la hilera del montaje de puntos para marcar el centro de cada orejera. Levantar el mismo número de puntos de cada lado del marcador para cada orejera.

Trabajar 3 hileras en pto jersey derecho comenzando con una hilera al r.
Próxima hilera: 2d, [desl1, 2pjd, pasar el pto desl sobre los ptos tejidos juntos, 4d] 5 veces, desl1, 2pjd, pasar el pto desl sobre los ptos tejidos juntos, 2d. (30 ptos)
Trabajar 3 hileras en pto jersey derecho comenzando con una hilera al r.
Cerrar los ptos.

Orejeras *(hacer 2)*
Con el DL mirando a la tejedora y usando US 9 (5.5 mm) y A colocado doble, levantar y tejer 12 (14) ptos al d a lo largo de la línea de montado de ptos para la primera orejera.
Hilera 1: 2d, r hasta los últimos 2 ptos, 2d.
Hilera 2: d.
Repetir las hileras 1-2 dos veces (una vez) más.
Próxima hilera y todas las hileras del RL hasta que se indique lo contrario: 2d, r hasta los últimos 2 ptos, 2d.
Tamaño grande únicamente:
Próxima hilera del DL: 2d, 2pjd, d hasta los últimos 4 ptos, ppt, 2d. (12 ptos)
Ambos tamaños:
Próxima hilera del DL: d.
Próxima hilera: 2d, 2pjd, d hasta los últ. 4 ptos, ppt, 2d. (10 ptos)
Próxima hilera: 2d, 2pjd, d hasta los últ. 4 ptos, ppt, 2d. (8 ptos)
Próxima hilera (RL): d.
Próxima hilera: 2pjd, 4d, ppt. (6 ptos)
Próxima hilera: 2pjd, 2d, ppt. (4 ptos)
Cerrar los ptos al r.
Trabajar la segunda orejera de la misma manera.

Orejas *(hacer 4 piezas)*
Usando agujas de tejer US 9 (5.5mm) y A, montar 10 ptos con la lana doble.
Trabajar 6 hileras en pto jersey derecho comenzando con una hilera al d.
Hilera 7: 1d, 2pjd, 4d, ppt, 1d. (8 ptos)
Hilera 8: r.
Hilera 9: 1d, 2pjd, 2d, ppt, 1d. (6 ptos)
Hilera 10: 2pjr, 2r, 2pjr. (4 ptos)
Hilera 11: 2pjd, ppt. (2 ptos)
Hilera 12: 2pjr. (1 pto)
Cortar la lana y pasarla a través del pto restante.

Parte externa de los ojos *(hacer 2)*
Usando agujas de tejer US 3 (3.25 mm) y C, montar 5 ptos.
Hilera 1: 1aum, d hasta los últimos 2 ptos, 1aum, 1d. (7 ptos)

Hilera 2: r.
Repetir las hileras 1-2 tres veces más. (13 ptos)
Hilera 9: 1d, 2pjd, d hasta los últimos 3 ptos, ppt, 1d. (11 ptos)
Hilera 10: r.
Repetir las hileras 9-10 dos veces más. (7 ptos)
Hilera 15: 1d, 2pjd, 1d, ppt, 1d.(5 ptos). Cerrar los ptos al d.

Nariz *(hacer 1)*
Usando agujas de tejer US 3 (3.25mm) y B, montar 10 ptos.
Hilera 1: 1aum, d hasta los últimos 2 ptos, 1aum, 1d. (12 ptos)
Hilera 2: r.
Repetir las hileras 1-2 una vez más. (14 ptos)
Hilera 5: 1d, 2pjd, d hasta los últimos 3 ptos, ppt, 1d. (12 ptos)
Hilera 6: r.
Repetir las hileras 5-6 una vez más. (10 ptos)
Hilera 9: 1d, 2pjd, 4d, ppt, 1d. (8 ptos)
Hilera 10: 2pjr, 4r, 2pjr. (6 ptos). Cerrar los ptos.

Terminación
Para información general acerca de cómo coser el gorro, ver págs. 104-107. Coser el gorro por la parte de atrás usando la técnica de la costura aplanada (ver pág 104).
Colocar dos piezas de las orejas con los DL enfrentados y coser los bordes curvos. Dar vueltas las orejas hacia afuera, coser los bordes inferiores. Colocar las orejas en su lugar.
Coser las partes externas de los ojos en su lugar y usando B, bordar un espiral en pto cadena para cada centro de ojo (ver pág 106). Coser la nariz en su lugar.
Usando doble hebra de color B, bordar una línea de pto cadena desde la nariz hasta el borde del gorro en pto Sta Clara.
Usando doble hebra de color B, bordar líneas en la parte superior de la cabeza en pto cadena.

kitty el tigre, polainas para botas

Para evitar que el frio invierno se arremoline alrededor de sus piernas y entre en sus botas, prepare sus agujas y comience a tejer estas impresionantes polainas rayadas. Diseñadas para caber adentro de sus botas y con un decorativo detalle en la parte externa, son el perfecto complemento para cualquier conjunto animal- print y un maravilloso plus para el gorro de tigre de la pág 78.

Hilado
1 x ovillo de 1¾ oz (50 g) - cada uno aprox 164 yds (150m) - Click Sirdar DK en color 138 Black (A)
1 x ovillo de 1¾ oz (50 g) - cada uno aprox 164 yds (150m) - Click Sirdar DK en color 188 Rustica (B)
Dos botones negros de ¾ de pulg (17 mm)

Además necesitará
Agujas de tejer US 5 (3.75 mm) y US 3 (3.25 mm)
Aguja de coser lana
Aguja de bordar de ojo grande

Medidas
7-10 años (11 años y más)

Medidas reales
Aprox 4¾ pulg /11 cm (5 pulg/13 cm) de circunferencia.

Muestra
23 ptos y 30 hil = un cuadrado de 4 pulg/10cm usando ag US 5 (3.75 mm) en pto jersey derecho.

Polainas
(*hacer 2*)
Usando agujas de tejer US 5 (3.75 mm) y A, montar 52 (60) ptos.
Hilera 1: 2d, 2r, hasta el final.
Repetir la primera hilera 11 veces más.
Dejar el color A de lado y unir el color B.
Trabajar 6 hileras en pto jersey comenzando con una hilera al d.
Dejar B de lado y tomar el color A.
Trabajar 2 hileras en pto jersey derecho comenzando con una hilera al d.
Repetir las últimas 8 hileras 4 veces más.
Dejar A de lado y unir el color B.
Trabajar 6 hileras en pto jersey comenzando con una hilera al d.
Cortar B y continuar solamente con A.
Hilera 59: d.
Hilera 60: [2d, 2r] hasta el final.
Repetir la última hilera 10 veces más.
Cerrar los ptos manteniendo el patrón del pto elástico: 2d, 2r.

Trabas laterales
(*hacer 2*)
Usando agujas de tejer US 3 (3.25 mm) y A, montar 7 ptos.
Tejer 24 hileras al d.
Hilera 25: 2pjd, 3d, ppt. (5 ptos)
Hilera 26: d.
Hilera 27: 2pjd, 1d, ppt. (3 ptos)
Hilera 28: d.
Hilera 29: desl1, 2pjd, pasar el pto desl sobre los ptos tejidos juntos. (1 pto)
Cortar la lana y pasarla a través del pto restante.

Terminación
Coser las costuras usando el pto explicado en la pág 104.

Coser los lados más cortos de las trabas a la raya central de la polaina. Estirar levemente la traba hacia abajo y asegurar con un botón, usando hebras en color A.

Doblar y esconder la parte superior de la polaina hacia adentro, de esta manera la traba queda en la parte externa.

hunter el perro

Con sus orejas caídas y luciendo un parche en un ojo, este adorable perrito es el compañero adecuado para cualquier adolescente difícil de disciplinar. Está tejido en una lana marrón tipo tweed, pero se puede tejer en cualquier tono neutro que imagine para coordinar perfectamente con el conjunto favorito de su hijo o para combinar con la mascota familiar.

Hilado

2 x ovillos de 1¾ oz (50 g) – cada uno aprox 164 yds (150m) – Click Sirdar DK en color 120 Bracken (A)

Pequeñas cantidades de Sirdar Country Style DK en color 409 Naturelle (B) y color 417 Negro (C)

Pequeñas cantidades de Patons diploma Gold DK en color 6184 Steel (D)

Además necesitará

Agujas de tejer US 9 (5.5 mm) y US 3 (3.25 mm)
Aguja de coser lana
Aguja de bordar de ojo grande
2 imperdibles pequeños

Medidas

3-10 años (11 años y más)

Medidas reales

Aprox 15½ pulg /39 cm (18 pulg/46 cm) de circunferencia.

Muestra

17 ptos y 21 hil = un cuadrado de 4 pulg/10 cm usando ag US 9 (5.5 mm) en pto jersey derecho e hilado doble.

Gorro (*hacer 1*)

Usando agujas de tejer US 9 (5.5 mm), montar 66 (78) ptos en A usando la lana doble.

Hilera 1: [1d, 1r] hasta el final.
Hilera 2: [1r, 1d] hasta el final.
Repetir las hileras 1-2 una vez más.
Trabajar 26(30) hileras en pto jersey comenzando con una hilera al d.

Tamaño grande únicamente:
Hilera 35: 5d, [desl1, 2pjd, pasar el pto desl sobre los ptos tejidos juntos, 10d] 5 veces, desl1, 2pjd, pasar el pto desl sobre los ptos tejidos juntos, 5d (66 ptos).
Hilera 36: r.

Ambos tamaños:
Próxima hilera del DL: 4d, [desl1, 2pjd, pasar el pto desl sobre los ptos tejidos juntos, 8d] 5 veces, desl1, 2pjd, pasar el pto desl sobre los ptos tejidos juntos, 4d. (54 ptos)

Próxima hilera del RL y todas las hileras del RL hasta indicar lo contrario: r.

Próxima hilera del DL: 3d, [desl1, 2pjd, pasar el pto desl sobre los ptos tejidos juntos, 6d] 5 veces, desl1, 2pjd, pasar el pto desl sobre los ptos tejidos juntos, 3d. (42 ptos)

Próxima hilera del DL: 2d, [desl1, 2pjd, pasar el pto desl sobre los ptos tejidos juntos, 4d] 5 veces, desl1, 2pjd, pasar el pto desl sobre los ptos tejidos juntos, 2d. (30 ptos)

Próxima hilera del DL: 1d, [desl1, 2pjd, pasar el pto desl sobre los ptos tejidos juntos, 2d] 5 veces, desl1, 2pjd, pasar el pto desl sobre los ptos tejidos juntos, 1d. (18 ptos)

Próxima hilera (RL): [2pjr] hasta el final. (9 ptos)

Cortar la lana, dejando una hebra larga.

Pasar la hebra entre los ptos restantes, tirar suave pero firmemente.

Orejeras (*hacer 2*)

Con el DL mirando a la tejedora y usando US 9 (5.5 mm) y A colocado doble, levantar y tejer al d 14 (18) ptos a lo largo de la línea de montado de ptos para la primera orejera.

Hilera 1: [1d, 1r] hasta el final.
Hilera 2: [1r, 1d] hasta el final.
Hilera 3: [1d, 1r] hasta el final.
Hilera 4: 2pjd, [1r, 1d] hasta los últimos 2 ptos, 2pjr. (12/16 ptos)
Hilera 5: [1r, 1d] hasta el final.
Hilera 6: [1d, 1r] hasta el final.
Hilera 7: [1r, 1d] hasta el final.
Hilera 8: 2pjr, [1d, 1r] hasta los últimos 2 ptos, 2pjd. (10/14 ptos)
Hilera 9: [1d, 1r] hasta el final.
Hilera 10: [1r, 1d] hasta el final.
Hilera11: [1d, 1r] hasta el final.
Repetir las hileras 4-11 una (dos) vez (veces) más. (6 ptos)
Próxima hilera: 2pjd, 1r, 1d, 2pjr. (4 ptos)
Próxima hilera: [1r, 1d] dos veces.

Próxima hilera: [1d, 1r] dos veces.
Próxima hilera: [1r, 1d] dos veces.
Próxima hilera: 2pjr, 2pjd. (2 ptos)
Próxima hilera: 1d, 1r.
Próxima hilera: 1r, 1d.
Próxima hilera: 1d, 1r.
Próxima hilera: 2pjd. (1 pto)
Cortar la lana y pasarla a través del pto restante.
Trabajar la segunda orejera de la misma manera.

Orejas (*hacer 4 piezas*)

Usando agujas de tejer US 9 (5.5 mm) y A, montar 9 ptos con la lana doble.

Tejer 6 hileras en pto jersey derecho comenzando con una hilera al d.

Hilera 7: 1aum, d hasta los últimos 2 ptos, 1aum, 1d. (11 ptos)
Trabajar 11 hileras en pto jersey derecho comenzando con una hilera al r.

Hilera 19: 1d, 2pjd, 5d, ppt, 1d. (9 ptos)
Hilera 20: 2pjr, 5r, 2pjr. (7 ptos)
Cerrar los ptos.

Parche del ojo (*hacer 1*)

Usando agujas de tejer US 3 (3.25 mm) y B, montar 8 ptos.

Antes de levantar los puntos para las orejeras, doblar el gorro para que sus lados más cortos se encuentren en el centro. Colocar un imperdible a cada lado del gorro sobre la hilera del montaje de puntos para marcar el centro de cada oreja. Levantar el mismo número de puntos de cada lado del marcador para cada orejera.

Tip

Hilera 1: 1aum, d hasta los últimos 2 ptos, 1aum, 1d. (10 ptos)
Hilera 2: r.
Repetir las hileras 1-2 dos veces más. (14 ptos)
Trabajar 4 hileras en pto jersey derecho comenzando con una hilera al d.
Hilera 11: 2pjd, d hasta los últimos 2 ptos, ppt. (12 ptos)
Hilera 12: r.
Repetir las últimas 2 hileras una vez más. (10 ptos). Cerrar los ptos.

Terminación

Para información general acerca de cómo coser el gorro, ver págs. 104-107. Coser el gorro por la parte de atrás usando la técnica de la costura aplanada (ver pág 104).

Enfrentar los DL de las dos piezas de las orejas. Coser los bordes, dejando el lado inferior abierto, luego dar vuelta. Hacer lo mismo para la segunda oreja. Colocar las orejas en su lugar y coser.

Coser el parche del ojo en su lugar.Usando B, bordar un cìrculo en pto cadena (ver pág 106) alrededor del borde externo del parche del ojo. Usando D, bordar un cìrculo en pto cadena para cada ojo. Usando C, trabajar un nudo francés (ver pág 106) para el centro de cada ojo.

Usando C, bordar un espiral (ver pág 106) en forma de óvalo para la nariz. Trabajar 2 puntos rectos entre la nariz y el borde del gorro.

pattie la vaca

Con su suave nariz rosada y sus ojos que le romperán el corazón, esta vaca es tan real que casi se puede escucharla mugir. Hemos tejido la vaca en bloques contrastantes de blanco y negro, y le dimos una oreja de cada color, pero si quiere imaginar tejer otra raza, sólo cambie los colores. Y si la imaginación se apodera de usted, ¿por qué no tejer su propia manada?

Hilado

2 x ovillos de 1¾ oz (50 g) - cada uno aprox 98 yds (90m) - Patons Fairytale Dreamtime DK en color 51 White (A)

1 x ovillo de 1¾ oz (50g) - cada uno aprox 131 yds (120m)- Patons Diploma Gold DK en color 6183 Black (B)

Pequeñas cantidades de Katia Merino Blend DK en color 25 Pale pink (C)

Pequeñas cantidades de Sirdar Country Style DK en color 473 Slate (D)

Además necesitará

Agujas de tejer US 9 (5.5 mm) y US 3 (3.25 mm)

Aguja de crochet D-3 (3.25 mm)

Aguja de coser lana

Aguja de bordar de ojo grande

Medidas

3-10 años (11 años y más)

Medidas reales

Aprox 16 pulg /41 cm (19½ pulg/49 cm) de circunferencia.

Muestra

16 ptos y 22 hil = un cuadrado de 4 pulg/10cm usando ag US 9 (5.5 mm) en pto jersey derecho y lana doble.

Notas

Antes de comenzar a tejer, preparar 2 ovillos separados de color A, el ovillo nro 1 debe tener 10 yd (9 m) de lana doble y el ovillo nro 2 debe tener 1 yd (1 m) de lana doble. Se utiliza lana doble tanto para el gorro como para las orejas.

Gorro básico

(hacer 1)

Usando agujas de tejer US 9 (5.5 mm), montar 28 (33) ptos con el ovillo nro 1 en A, 12 ptos en lana doble en C, y 28 (33) ptos con el ovillo principal de A, usando la lana doble (68/78 ptos)

Hilera 1: 28 (33) d en color A, 12d en color C, 28 (33) d en color A.

Repetir la primera hilera tres veces más.

Hilera 5: 28 (33) d en A, 12d en C, 28 (33) d en A.

Hilera 6: 28 (33) r en A, 12r en C, 28 (33) r en A.

Hilera 7: 28 (33) d en A, 12d en C, 28 (33) d en A.

Hilera 8: 28 (33) r en A, 5r en C, unir el ovillo nro 2 de A, 2r en A, 5r en C, 28 (33) r en A.

Hilera 9: 28 (33) d en A, 5d en C, 2d en A, 5d en C, 28 (33) d en A.

Hilera 10: 27 (32) r en A, 2pjr en C, 4r en A, 2r en A, 4r en C, 2pjr en A, 27 (32) r en A. (66/76 ptos)

Usando A, trabajar 2 hileras en pto jersey derecho comenzando con una hilera al d.

Unir B con la hebra doble.

Hilera 13: 21 (26) d en B, d en A hasta el final.

Hilera 14: 44 (49) r en A, r en B hasta el final.

Hilera 15: 22 (27) d en B, d en A hasta el final.

Hilera 16: 44 (49) r en A, r en B hasta el final.

Hilera 17: 28 (33) d en B, d en A hasta el final.

Hilera 18: 37 (42) r en A, r en B hasta el final.

Hilera 19: 29 (34) d en B, d en A hasta el final.

Hilera 20: 37 (42) r en A, r en B hasta el final.

Tamaño grande únicamente:

Repetir las hileras 19-20 una vez más.

Ambos tamaños:

Próxima hilera: 28 (33) d en B, d en A hasta el final.

Próxima hilera: 39 (44) r en A, r en B hasta el final.

Próxima hilera: 26 (31) d en B, d en A hasta el final.

Próxima hilera: 40 (45) r en A, r en B hasta el final

Repetir las ultimas 2 hileras 2 (3) veces más.

Tamaño grande únicamente:

Hilera 33: Usando B, 5d, [desl1, 2pjd, pasar el pto desl sobre los ptos tejidos juntos, 10d] 2 veces; usando A, 2pjd, 10d, ppt, 10 d, desl1, 2pjd, pasar el pto desl sobre los ptos tejidos juntos, 5d. (66 ptos)

Hilera 34: 39r en A, r en B hasta el final.

Ambos tamaños:

Próxima hilera: Usando B, 4d, [desl1, 2pjd, pasar el pto desl sobre los ptos tejidos juntos, 8d] 2 veces; usando A, [desl1,

2pjd, pasar el pto desl sobre los ptos tejidos juntos, 8d] 3 veces, desl1, 2pjd, pasar el pto desl sobre los ptos tejidos juntos, 4d. (54 ptos)

Próxima hilera: 36r en A, r en B hasta el **final**.

Próxima hilera: Usando B, 3d, desl1, 2pjd, pasar el pto desl sobre los ptos tejidos juntos, 6d, desl1, 2pjd, pasar el pto desl sobre los ptos tejidos juntos, 3d; usando A, 3d [desl1, 2pjd, pasar el pto desl sobre los ptos tejidos juntos, 6d] 3 veces, desl1, 2pjd, pasar el pto desl sobre los ptos tejidos juntos, 3d (42 ptos)

Próxima hilera: 28r en A, r en B hasta el final.

Próxima hilera: Usando B, 2d, desl1, 2pjd, pasar el pto desl sobre los ptos tejidos juntos, 4d, desl1, 2pjd, pasar el pto desl sobre los ptos tejidos juntos, 2d; usando A, 2d [desl1, 2pjd, pasar el pto desl sobre los ptos tejidos juntos, 4d] 3 veces, desl1, 2pjd, pasar el pto desl sobre los ptos tejidos juntos, 2d (30 ptos)

Próxima hilera: 20r en A, r en B hasta el final.

Próxima hilera: Usando B, 1d, desl1, 2pjd, pasar el pto desl sobre los ptos tejidos juntos, 2d, desl1, 2pjd, pasar el pto desl sobre los ptos tejidos juntos, 1d; usando A, 1d [desl1, 2pjd, pasar el pto desl sobre los ptos tejidos juntos, 2d] 3 veces, desl1, 2pjd, pasar el pto desl sobre los ptos tejidos juntos, 1d (18 ptos)

Próxima hilera: Usando A, [2pjr] 6 veces; usando B, [2pjr] 3 veces. (9 ptos)

Cortar la lana dejando una hebra larga.
Pasar la hebra entre los ptos restantes, tirar suave pero firmemente.

Orejas *(hacer 2 piezas en A y 2 piezas en B)*

Usando agujas de tejer US 9 (5.5 mm), montar 4 ptos con la lana doble.

Hilera 1: 1aum, d hasta los últimos 2 ptos, 1aum, 1d. (6 ptos)
Hilera 2: r.
Repetir las hileras 1 -2 dos veces más. (10 ptos)
Trabajar 4 hileras en pto jersey comenzando con una hilera al d.
Hilera 11: 1d, 2pjd, d hasta los últimos 3 ptos, ppt, 1d. (8 ptos)
Hilera 12: r.
Repetir las hileras 11 -12 una vez más. (6 ptos)
Hilera 15: 1d, 2pjd, ppt, 1d. (4 ptos)
Hilera 16: [2pjr] dos veces.
Hilera 17: 2pjd. (1 pto)
Cortar la lana, pasar la hebra por el pto restante.

Ojos exteriores *(hacer 2)*

Los ojos están trabajados desde adentro hacia afuera.
Usando agujas de tejer US 3 (3.25 mm) y color A, montar 2

ptos.
Hilera 1: [1aum] dos veces. (4 ptos)
Hilera 2: r.
Hilera 3: 1aum, d hasta los últimos 2 ptos, 1aum, 1d. (6 ptos)
Hilera 4: r.
Trabajar 6 hileras en pto jersey comenzando con una hilera al d.
Hilera 11: 2pjd, 2d, ppt. (4 ptos)
Hilera 12: r.
Hilera 13: 2pjd, ppt. (2 ptos)
Hilera 14: 2pjr. (1 pto)
Cortar la lana y pasarla a través del pto restante.

Terminación

Para información general acerca de cómo coser el gorro, ver págs. 104-107.
Coser el gorro por la parte de atrás usando la técnica de la costura aplanada (ver pág 104).
Enfrentar los DL de las piezas de color A y las piezas de color B. Coser los lados redondeados usando hilo del mismo color y luego dar vuelta las orejas hacia afuera. Coser los bordes inferiores. Colocar las orejas en su lugar.
Para los rulos sobre la parte superior; usando una aguja de crochet y color A, tejer una tira de 13 pulg (33 cm) de ptos cadena. Con la tira formar 3 lazos y asegurar a la parte superior de la cabeza, entre las orejas.
Coser las partes externas de los ojos.
Usando B, bordar un espiral en pto cadena para cada centro de ojo (ver pág 106). Usando B, bordar una línea en pto cadena arriba de cada ojo. Usando B, bordar 3 pestañas arriba del ojo izquierdo en pto cadena. Usando C, remarcar la nariz en pto cadena. Usando D, trabajar 2 pequeños círculos en pto cadena para el formar el hocico.

pattie la vaca, polainas

dificultad

¿Por qué no animarse con estas polainas de piel de vaca? Es el proyecto ideal para un principiante que quiere aprender a seguir un patrón con diagrama.

Para lograr un conjunto que combine con sus tobilleras perfectamente, mire la página 84.

Hilado

2 x ovillos de 1³/₄ oz (50 g) – cada uno aprox 98 yds (90m) – Patons Fairytale Dreamtime DK en color 51 White (A)

1 x ovillo de 1³/₄ oz (50g) – cada uno aprox 131 yds (120m)- Patons Diploma Gold DK en color 6183 Black (B)

Además necesitará

Agujas de tejer US 3 (3.25 mm)
Aguja de coser lana

Medidas

7-10 años (11 años y más)

Medidas reales

Aprox 4³/₄ pulg /12 cm (5¹/₂ pulg/14 cm) de ancho.

Muestra

22 ptos y 26 hil = un cuadrado de 4 pulg/10cm usando ag US 3 (3.25 mm) en pto jersey derecho y lana doble.

Polainas

(*hacer 2*)

Usando agujas de tejer US 3 (3.25 mm) y A, montar 56 (60) ptos.

Hilera 1: [2d, 2r], hasta el final.

Repetir la primera hilera 11 veces más.

Trabajar 2 hileras en pto jersey comenzando con una hilera al d.

Unir B y seguir el diagrama de la pág 104 para las próximas 22 hileras, trabajando en pto jersey derecho comenzando con una hilera al d (comenzar con 4 ptos para el tamaño pequeño) Dejar B de lado y continuar con el color A.

Hilera 37: r.

Hilera 38: [2d, 2r] hasta el final.

Repetir la última hilera 11 veces más.

Cerrar los ptos.

Terminación

Coser los laterales de las polainas usando el pto mattress (ver pág. 104).

curly el chancho

Tejido en una lana preciosa y suave en el tono de rosa perfecto para un chanchito, este gorro sencillo es el antídoto ideal para la nostalgia del invierno y es una prenda esencial para los fanáticos de los cerditos. Es uno de los modelos más fáciles de este libro, y si usted elige colocarle ojos de fieltro en lugar de bordarlos, lo puede hacer más fácil todavía.

Hilado
1 x ovillo de 3½ oz (100 g) – cada uno aprox 262 yds
(240m) – Katia Merino Blend DK en color 25 Pale
pink (A)
Pequeñas cantidades de Sirdar Country Style DK
en color 473 Slate (B) y color 412 White (C)

Además necesitará
Agujas de tejer US 9 (5.5 mm) y US 6 (4 mm)
Aguja de coser lana
Aguja de bordar de ojo grande

Medidas
3-10 años (11 años y más)

Medidas reales
Aprox 15½ pulg /39 cm (18 pulg/46 cm) de
circunferencia.

Muestra
17 ptos y 21 hil = un cuadrado de 4 pulg/10cm
usando ag US 9 (5.5 mm) en pto jersey derecho y
lana doble.

Gorro
(*hacer 1*)
Usando agujas de tejer US 9 (5.5 mm) y A en forma doble, montar 66 (78) ptos.
Trabajar 30 (34) hileras en pto jersey derecho comenzando con una hilera al d.
Tamaño grande únicamente:
Hilera 35: 5d, [desl1, 2pjd, pasar el pto desl sobre los ptos tejidos juntos, 10d] 5 veces, desl1, 2pjd, pasar el pto desl sobre los ptos tejidos juntos, 5d. (66 ptos)
Hilera 36: r.
Ambos tamaños:
Próxima hilera: 4d, [desl1, 2pjd, pasar el pto desl sobre los ptos tejidos juntos, 8d] 5 veces, desl1, 2pjd, pasar el pto desl sobre los ptos tejidos juntos, 4d. (54 ptos)
Próxima hilera y todas las hileras del RL hasta que se indique lo contrario: r.

Próxima hilera del DL: 3d, [des1, 2pjd, pasar el pto desl sobre los ptos tejidos juntos, 6d] 5 veces, des1, 2pjd, pasar el pto desl sobre los ptos tejidos juntos, 3d. (42 ptos)

Próxima hilera del DL: 2d, [des1, 2pjd, pasar el pto desl sobre los ptos tejidos juntos, 2d] 5 veces, des1, 2pjd, pasar el pto desl sobre los ptos tejidos juntos, 2d. (30 ptos)

Orejas *(hacer 4)*

Usando agujas de tejer US 6 (4 mm) y A, montar 16 ptos.
Trabajar 10 hileras en pto jersey derecho comenzando con una hilera al d.
Hilera 11: 2d, 2pjd, d hasta los últimos 4 ptos, ppt, 2d. (14 ptos)
Hilera 12: r.
Repetir las hileras 11-12 tres veces más. (8 ptos)
Hilera 19: 2d, 2pjd, ppt, 2d. (6 ptos)
Hilera 20: r.
Hilera 21: 1d, 2pjd, ppt, 1d. (4 ptos)
Hilera 22: [2pjr] 2 veces. (2 ptos)
Hilera 23: 2pjd. (1 pto)
Cortar la lana y pasar la hebra por el pto restante.

Hocico *(hacer 1)*

Usando agujas de tejer US 6 (4 mm) y A, montar 10 ptos.
Hilera 1: 1aum, d hasta los últimos 2 ptos, 1 aum, 1d. (12 ptos)
Hilera 2: r.
Repetir las hileras 1-2 una vez más. (14 ptos)
Hilera 5: 2d, 1aumep, d hasta los últimos 2 ptos, 1aumep, 2d. (16 ptos)

Hilera 6: r.
Repetir las hileras 5-6 una vez más. (18 ptos)
Hilera 9: 1d, 2pjd, d hasta los últimos 3 ptos, ppt, 1d. (16 ptos)
Hilera 10: r.
Repetir las hileras 9-10 una vez más. (14 ptos)
Hilera 13: 1d, 2pjd, d hasta los últimos 3 ptos, ppt, 1d. (12 ptos)
Hilera 14: 2pjr, r hasta los últimos 2 ptos, 2pjr. (10 ptos)
Cerrar los ptos.

Terminación

Para información general acerca de cómo coser el gorro, ver págs. 104-107.

Coser el gorro por la parte de atrás usando la técnica de la costura aplanada (ver pág 104).

Enfrentar los DL de las orejas. Coser los bordes, dejando los bordes inferiores abiertos. Dar vuelta las orejas hacia afuera. Coser los bordes inferiores. Colocar las orejas en su lugar. Coser el hocico en su lugar, el borde de cerrado del mismo debe estar en la parte inferior.

Usando B, bordar en pto cadena el centro de cada ojo (ver pág 106). Usando C, trabajar un círculo de pto cadena para remarcar cada parte central de los ojos.

Usando B, trabajar dos pequeñas líneas para las fosas nasales.

frosty el oso polar

¿Qué mejor opción para poner en su cabeza en un día helado que un gorro de oso polar? Tejido en una hermosa y esponjosa lana blanca, este gorro es tan fácil de tejer, que probablemente querrá tejerlo para cada integrante de su familia. Los detalles están hechos en fieltro, así que es un proyecto ideal para aquel que se quiera aventurar en el arte del tejido.

Hilado
2 x ovillos de 1³/₄ oz (50 g) – cada uno aprox 116 yds (106m) – Katia Peru en color 3 Off White (A)
Pequeñas cantidades de Sirdar Country Style DK en color 417 Black (B)
Una pequeña pieza de fieltro negro
Hilo de coser negro

Además necesitará
Agujas de tejer US 9 (5.5 mm)
Aguja de coser lana
Aguja de bordar de ojo grande
Aguja de coser hilo común

Medidas
5-11 años (12 años y más)

Medidas reales
Aprox 15¹/₂ pulg /39 cm (18 pulg/46 cm) de circunferencia.

Muestra
17 ptos y 21 hil = un cuadrado de 4 pulg/10cm usando ag US 9 (5.5 mm) en pto jersey derecho.

Gorro (*hacer 1*)
Usando agujas de tejer US 9 (5.5 mm) y A, montar 66 (78) ptos.
Hilera 1: [2d, 2r] hasta los últimos 2 ptos, 2d.
Hilera 2: [2r, 2d] hasta los últimos 2 ptos, 2r.
Repetir las hileras 1-2 una vez más.
Trabajar 24 (28) hileras en pto jersey comenzando con una hilera al d.
Tamaño grande únicamente:
Hilera 33: 5d, [desl1, 2pjd, pasar el pto desl sobre los ptos tejidos juntos, 10d] 5 veces, desl1, 2pjd, pasar el pto desl sobre los ptos tejidos juntos, 5d. (66 ptos)
Hilera 34: r.
Ambos tamaños:
Próxima hilera: 4d, [desl1, 2pjd, pasar el pto desl sobre los ptos tejidos juntos, 8d] 5 veces, desl1, 2pjd, pasar el pto desl sobre los ptos tejidos juntos, 4d. (54 ptos)
Próxima hilera y todas las hileras del RL hasta que se indique lo contrario: r.
Próxima hilera del DL: 3d, [desl1, 2pjd, pasar el pto desl sobre los ptos tejidos juntos, 6d] 5 veces, desl1, 2pjd, pasar el pto desl sobre los ptos tejidos juntos, 3d. (42 ptos)
Próxima hilera del DL: 2d, [desl1, 2pjd, pasar el pto desl sobre los ptos tejidos juntos, 4d] 5 veces, desl1, 2pjd, pasar el pto desl sobre los ptos tejidos juntos, 2d. (30 ptos)
Próxima hilera del DL: 1d, [desl1, 2pjd, pasar el pto desl sobre los ptos tejidos juntos, 2d] 5 veces, desl1, 2pjd, pasar el pto desl sobre los ptos tejidos juntos, 1d. (18 ptos)
Próxima hilera (RL): [2pjr] hasta el final. (9 ptos)
Cortar la lana, dejando una hebra larga.
Pasar la hebra entre los ptos restantes, tirar suave pero firmemente y esconder la hebra.

Orejas (*hacer 2*)
Usando agujas US 9 (5.5mm) y A, montar 10 ptos.
Trabajar 6 hileras en pto jersey derecho comenzando con una hilera al d.
Hilera 7: 2pjd, 6d, ppt. (8 ptos)
Hilera 8: 2pjr, 4r, 2pjr. (6 ptos)
Hilera 9: 2pjd, 2d, ppt. (4 ptos)
Hilera 10: [2pjr] dos veces. (2 ptos)
Hilera 11: [1aum] dos veces. (4 ptos)
Hilera 12: [1aumr, 1r] dos veces. (6 ptos)
Hilera 13: 1aum, 3d, 1aum, 1d. (8 ptos)

Hilera 14: 1aumr, 5r, 1aumr, 1r. (10 ptos)

Trabajar 5 hileras en pto jersey derecho comenzando con una hilera al d.

Cerrar los ptos en una hilera del RL.

Terminación

Coser el gorro por la parte de atrás usando la técnica de la costura aplanada (ver pág 104).

Doblar las orejas por la mitad a lo ancho con los DL enfrentados de manera que el borde de montaje coincida con el borde de cerrado de puntos. Coser los bordes curvos y dar vueltas las orejas hacia afuera, coser los bordes inferiores. Colocar las orejas en su lugar.

Cortar 2 círculos de $^3/_4$ pulg (1.9 cm) de diámetro o de borde fieltro negro para los ojos. Cortar un triángulo con las puntas redondeadas cuya base mida 1$^1/_2$ pulg (3.8 cm) para la nariz.

Usando B, asegurar los ojos con un nudo francés (ver pág 106)

Usando hilo de coser negro, coser la nariz en su lugar. Usando B, trabajar 2 puntos rectos, uno sobre otro, en la base de la nariz hacia el borde del gorro.

Capítulo 4

información útil

herramientas y materiales

Las agujas de tejer, los hilados, y otros elementos que necesitará están detallados en las instrucciones para cada modelo.

Puede sustituir los hilados con otras marcas, pero necesita ser muy cuidadosa al realizar la muestra (tensión). Utilizar un hilado diferente para la parte principal del gorro, puede afectar notablemente el resultado final de su trabajo. Al calcular la cantidad de hilado que necesita, debe corroborar el largo que figura en la etiqueta del ovillo, en lugar del peso. Para detalles acerca del hilado usado para estos proyectos, ver págs. 108-109.

Sustituir marcas cuando necesita muy pequeñas cantidades de hilado (por ejemplo para la nariz o los ojos), puede influir notablemente en la apariencia final del gorro. Aún así es razonable utilizar los hilados que tiene en su reserva de lanas.

Medidas

Alguno de los proyectos de este libro pueden ser tejidos en varios tamaños. En estos casos, las instrucciones para los tamaños más grandes figuran entre paréntesis luego de las instrucciones principales. Una vez que haya elegido su tamaño, es importante que siga la información que corresponde a ese tamaño únicamente. Muchas tejedoras encuentran útil resaltar las instrucciones para ese tamaño antes de comenzar a tejer.

Muestra (tensión)

Para estar seguro de que el gorro tene el tamaño correcto, necesitará tejer la misma tensión que figura en las instrucciones. La muestra está dada en la cantidad de puntos e hileras que se necesitan para producir un pieza cuadrada de 4 pulg (10 cm). Si su cuadrado es más pequeño, necesitará tejer nuevamente la muestra, usando una medida más grande de agujas y volver a medir. Si su cuadrado es más grande, necesitará volver a tejer el cuadrado con una medida más pequeña de agujas y volver a medir.

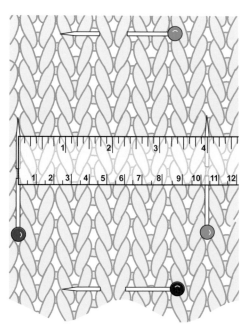

Muestra (tension)
Compruebe su muestra usando alfileres y una cinta métrica.

Tejiendo con 2 hebras al mismo tiempo

Muchos de los proyectos de este libro están tejidos con la lana doble. En la mayoría de los casos, es muy fácil de realizar usando el final del ovillo junto con la hebra del comienzo que ese encuentra en la parte interna del mismo.

puntos y técnicas

Los dos puntos básicos del tejido son el punto derecho y el punto revés. Trabajando una combinación de estos puntos, pueden lograrse diferentes texturas tejidas. Estos son los puntos y las técnicas usadas en este libro:

Haciendo un nudo deslizable

Necesitará realizar un nudo deslizable para obtener su primer punto.

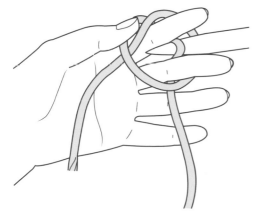

1. Con el ovillo de lana a su derecha, colocar el final de la hebra en la palma de su mano izquierda y sosténgala en su lugar con el pulgar izquierdo. Con su mano derecha, envuelva la lana en dos dedos de su mano para formar un lazo. Pasar la aguja de tejer a través del lazo por detrás de derecha a izquierda y úselo para levantar la hebra más cercana al ovillo, como se muestra en el dibujo. Tire de la hebra para formar un lazo en el frente.

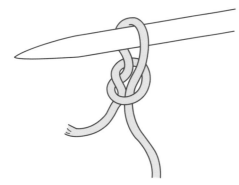

2. Deslizar la lana fuera de los dedos dejando el lazo sobre la aguja. Tirar ambos extremos de la lana para ajustar el nudo. Luego, tirar de la hebra que viene del ovillo para ajustar el punto en la aguja.

Montaje de puntos

Existen unos cuantos métodos de montaje de puntos, pero el usado para los proyectos de este libro es el montaje de puntos tejidos, donde se utilizan dos agujas.

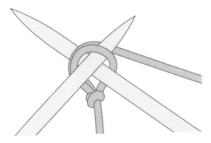

1. Realice un nudo deslizable como se explica más arriba. Coloque la aguja que tiene el nudo en su mano izquierda. Inserte la punta de su otra aguja por el frente del nudo y por debajo de la aguja izquierda. Envuelva la punta de la aguja derecha con la lana que proviene del ovillo.

2. Usando la punta de la aguja, lleve la lana a través del nudo deslizable para formar un lazo. Este lazo es su nuevo punto. Deslice el lazo de la aguja derecha a la aguja izquierda.

3. Para hacer el próximo punto, inserte la punta de la aguja derecha entre los dos puntos. Envuelva la lana en la aguja derecha, de izquierda a derecha, luego forme un nuevo lazo, transfiera ese nuevo lazo a la aguja izquierda. Repita hasta haber montado el número correcto de puntos para su proyecto..

Tejiendo un punto al derecho

1. Sostenga la aguja con los puntos montados en su mano izquierda, luego inserte la punta de la aguja derecha por el frente del primer punto de izquierda a derecha. Envuelva la lana alrededor de la punta de la aguja derecha, de izquierda a derecha.

2. Con la punta de la aguja derecha, pase la lana a través del punto para formar un lazo. Este lazo es su nuevo punto.

3. Deslice el punto original fuera de la aguja izquierda retirando suavemente la aguja derecha hacia la derecha. Repetir estos pasos hasta tejer todos los puntos de la aguja izquierda. Para trabajar la siguiente hilera, colocar la aguja con todos los puntos en la mano izquierda.

Tejiendo un punto al revés

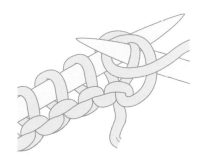

1. Sostener la aguja con los puntos en su mano izquierda, inserte la punta de la aguja derecha por el frente del primer punto de derecha a izquierda. Envuelva la lana alrededor de la punta de la aguja derecha, de derecha a izquierda.

2. Con la punta de la aguja derecha, pase la lana a través del punto para formar un lazo. Este lazo es un nuevo punto.

3. Deslice el punto original fuera de la aguja izquierda retirando suavemente la aguja derecha hacia la derecha. Repetir estos pasos hasta tejer todos los puntos de la aguja izquierda. Para trabajar la siguiente hilera, colocar la aguja con todos los puntos en la mano izquierda.

Cerrado de los puntos

En la mayoría de los casos, usted cerrará los ptos al derecho, lo que significa que usted tejerá los puntos antes de cerrarlos.

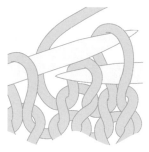

1. En primer lugar, teja los dos primeros puntos al derecho de la manera usual. Con la punta de su aguja izquierda, levante el primer punto que acaba de tejer y móntelo sobre el segundo punto. Teja al derecho otro punto, de manera que ahora hay dos puntos nuevamente en su aguja derecha. Repita el proceso de levantar el primer punto y montarlo sobre el segundo punto. Continúe de ésta manera hasta que solamente quede 1 punto sobre la aguja derecha.

2. Corte la lana, dejando una hebra lo suficientemente larga para coser su trabajo. Pasar la hebra a través del último punto. Deslizar el punto fuera de la aguja y tirar suavemente para asegurarlo.

En alguno de los proyectos de este libro, necesitará cerrar los puntos al revés. Es exactamente como cerrar al derecho, sólo que en lugar de tejerlos al derecho se tejen al revés.

Punto Santa Clara

Para hacer este punto, simplemente tiene que tejer todas las hileras al derecho. Se utiliza para algunos bordes y orejeras.

Punto Jersey

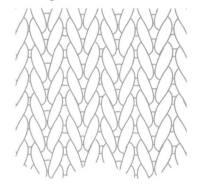

Para hacer este punto, debe trabajar hileras alternadas de puntos al derecho y puntos al revés. El derecho de este punto es el lado donde se tejen las hileras al derecho. Este punto es utilizado para la parte principal de los gorros.

Elástico simple y doble

Para realizar el punto elástico simple, usted teje 1 punto al derecho y luego 1 punto al revés a lo largo de toda la hilera. En la siguiente hilera, teja los puntos como se presentan (derecho los ptos al derecho, revés los ptos al revés).
El elástico doble es una variante por la cual se tejen 2 ptos al derecho y luego 2 ptos al revés. Como el elástico común, se forma un tejido de textura elástica. El elástico doble es usado en algunos de los gorros y bordes de este libro.

Punto arroz

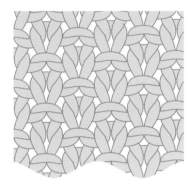

Para llevar a cabo este punto, derechos y revés se alternan a lo largo de una misma hilera. En la hilera siguiente, tejer 1 pto al derecho donde hay un pto al revés y 1 pto al revés donde hay un pto al derecho para crear un tejido firme y texturado. El punto arroz es usado en los bordes y las orejeras de algunos de los gorros de este libro.

Punto Santa Clara extendido

Este punto está trabajado igual que el punto Santa Clara, excepto que al envolver la aguja debe hacerlo 3 veces alrededor de ella en la primera hilera, en lugar de hacerlo 1 vez como normalmente se realiza. En la segunda hilera, inserte la aguja a través de una parte del punto solamente. Cuando el punto se "cae" de la aguja al trabajarlo, se alarga.

Abreviaturas

Estas son las abreviaturas de tejido que necesitará seguir para las instrucciones de este libro.

1aum   aumentar 1 punto tejiendo por delante y por detrás del punto

1aumep   (1 aumento entre ptos) levantar la hebra entre dos puntos y tejer 1 pto retorcido.

d   punto al derecho

2pjd   tejer 2 ptos juntos al derecho

r   punto al revés

2pjr   tejer 2 puntos juntos al revés

DL   derecho de la labor

ppt   pasar un punto, pasar otro punto, tejer ambos puntos juntos

pto (s)   punto (s)

RL   revés de la labor

cm   centímetro

gr   gramos

pulg   pulgadas

mm   milímetros

oz   onzas

yd (s)   yardas

[]   los corchetes son usados para repetir partes del patrón más de una vez. Por ejemplo: [2pjd] 3 veces significa que usted necesita tejer 2 puntos juntos al derecho tres veces.

()   Cuando usted haya trabajado una hilera para aumentar o disminuir el número de puntos de la aguja, el número de puntos que debe obtener al finalizar la hilera figuran entre paréntesis. por ejemplo: (6 ptos) significa que debe tener 6 puntos en su aguja. Los paréntesis también pueden significar conteo de puntos o de hileras para los diferentes talles. Por ejemplo: 6 (8) d, significa que deberá tejer 6 puntos al derecho para el talle pequeño y 8 puntos al derecho para el talle más grande.

Dando forma

Puede dar forma a sus tejidos aumentando o disminuyendo el número de puntos en sus agujas. Cada método da resultados diferentes.

Aumentos

Hay 3 métodos principales para realizar los aumentos.

1aum

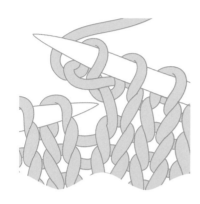

Comience a tejer el punto de la manera normal pero en lugar de deslizar el punto "viejo" fuera de la aguja, tejer por la hebra de atrás del mismo y luego deslizarlo fuera de la aguja de la manera usual.

1aumr (1 aumento al r)

En algunos de los proyectos necesitará aumentar 1 punto en una hilera del revés. Se realiza de la misma manera que el aumento al derecho, en lugar de tejerlo al derecho, debe tejerlo al revés.

**1aumep
(1 aumento entre puntos)**

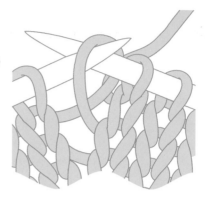

Levantar la hebra horizontal que se sitúa entre dos puntos de la aguja que sostiene con su mano izquierda. Tejer por la hebra de atrás y transferir el punto a la aguja derecha de la manera habitual. Es importante tejerlo por detrás (retorcido), así al tejerlo no se forma un agujero en su trabajo.

Disminuciones

Existen varias maneras de realizar las disminuciones.

2pjd (2 ptos juntos tejidos al derecho

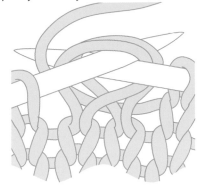

Esta es la manera más simple de disminuir. Simplemente, inserte su aguja a través de dos puntos y en lugar de hacerlo de la manera usual sobre un punto, hacerlo sobre dos.

2pjr (2 puntos juntos tejidos al r)
Simplemente inserte su aguja dentro de dos puntos en lugar de uno y téjalos juntos al revés.

ppt o dsi (pasar, pasar, tejer o disminución simple a la izq.)

Esta es otra manera de disminuir. Deslice un punto a la aguja derecha, luego otro punto de la misma manera, sin tejerlos. Luego inserte la aguja izquierda de izquierda a derecha por el delante de los puntos deslizados y téjalos juntos al derecho.

ddi (disminución doble a la izq)

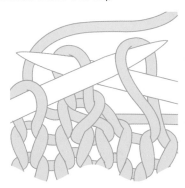

Esta es la manera de disminuir 2 ptos al mismo tiempo y es usada en la mayoría de los gorros de este libro. Deslice sin tejer el 1er pto de la aguja izquierda a la aguja derecha. Teja juntos al derecho los 2 puntos siguientes. Luego pase el punto deslizado sobre los puntos tejidos juntos.

Otras técnicas

Aquí se presentan algunas otras técnicas empleadas en los proyectos de este libro.

Hacer una mota

Las motas se hacen trabajando un número de aumentos en un mismo punto y luego disminuyéndolos. Las motas son usadas solamente en una parte de este libro (el gorro de erizo de la pàg 31).
Son trabajadas de la siguiente manera:

1d, 1r, 1d todo en el siguiente pto, que es el lugar donde la mota quedarà finalmente)
Girar la labor y tejer 3r.
Girar nuevamente la labor y desl1d, 2pjd, pasar el pto desl sobre los ptos tejidos juntos.
Continuar tejiendo la hilera según se indica hasta el lugar donde deberá tejer la próxima mota.

En algunas motas, deberá disminuir los puntos al mismo tiempo que la está tejiendo.
Esto se realiza de la siguiente manera:

2pjd, luego 1r, 1d dentro del mismo punto.
Girar la labor, 3r.
Girar la labor y desl1d, 2pjd, pasar el pto desl sobre los ptos tejidos juntos.

Levantar puntos a lo largo de un borde

En algunos proyectos, necesitarà levantar puntos a lo largo de un borde tanto horizontal (usualmente el borde de montaje de los puntos) como vertical (el borde de las hileras de su tejido).

A lo largo de un borde vertical

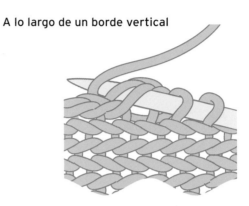

Esta instrucción está dada en el patrón como "levantar y tejer" e involucra tanto el levantar los puntos como el tejerlos, todo al mismo tiempo.

Con el DL mirando a la tejedora, insertar la aguja de adelante hacia atrás entre el 1er y el 2do punto de la 1era hilera. Hacer una lazada sobre la aguja y pasarla por dentro del punto para formar uno nuevo. Normalmemente hay más agujeros entre hileras que la cantidad de puntos que se necesitan levantar y tejer. Para asegurarse de que se levantan correctamente, no hacerlo en todos los agujeros, saltearse uno de vez en cuando.

A lo largo de un borde horizontal

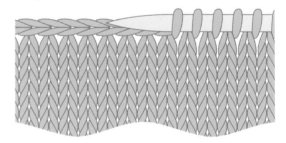

Se trabaja de la misma manera que en el borde vertical, excepto que los puntos se levantan entre los puntos del montaje en lugar de hacerlo entre hileras. Normalmente debería tener la misma cantidad de puntos levantados que agujeros entre las hileras verticales de puntos del tejido.

Tejiendo en diferentes colores

Si está tejiendo rayas, puede unir en forma sencilla el segundo color al final de la hilera. Si las rayas son angostas, no es necesario cortar el hilado entre rayas.

Jacquard

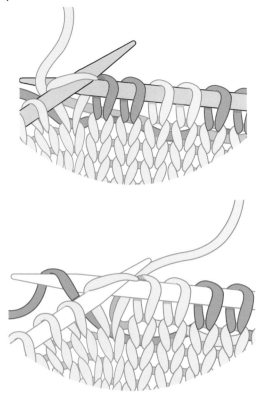

Si está tejiendo algunos pocos puntos en otro color, sencillamente dejar el color que no estés usando en el RL, y tómarlo nuevamente cuando necesite usarlo.

Entrelazar colores

Si está tejiendo más de unos pocos puntos en otro color, pero sólo por unas pocas hileras, puede entrelazar el hilado por atrás de sus puntos a medida que los trabaja.

En una hilera de puntos al derecho, inserte su aguja derecha en el siguiente punto y deje el hilado que necesita entrelazar sobre la aguja. Teja el punto al derecho, tomándolo por debajo del hilado que esta entrelazando, asegurándose de tejer el punto solo a través del color con que se está trabajando. Repetir esto con varios puntos hasta que necesite usar el otro color nuevamente.

En una hilera de puntos al revés, utilice el mismo método para trabajar los puntos.

Cambio de colores (intarsia)

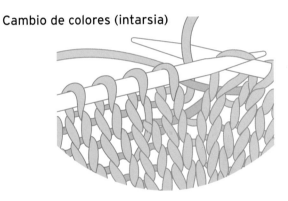

Si estás tejiendo bloques de colores para tu proyecto (es justamente lo que se teje en muchos de los patrones de este libro), necesitarás usar una técnica que se llama intarsia, en ella se involucran dos ovillos separados de hilado para cada superficie de color. Se rota en forma conjunta los hilados donde se unen para evitar que se forme un agujero.

Sobre el Derecho de la Labor (DL)
Cuando desee cambiar los colores y el cambio de color se encuentre en una línea vertical o inclinada hacia la derecha, apoya el primer color sobre el segundo. Luego tome el segundo color, así las hebras de hilado se cruzan entre sí.

Sobre el Revés de la Labor (RL)
Se trabaja casi de la misma manera que sobre el DL. Cuando desee cambiar los colores y el cambio de color se encuentre en una línea vertical o inclinada hacia la izquierda, tome el primer color sobre el segundo. Luego tome el segundo color, así las hebras de hilado se cruzan entre sí.

Cosiendo las piezas

La manera en la que están cosidas sus piezas puede hacer la diferencia en el aspecto de tu proyecto. Conviene tomarse el tiempo para esto. Aquí encontrará técnicas y consejos útiles.

Costura plana

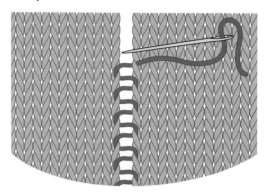

Esta es la técnica usada para coser las costuras traseras de los gorros. A diferencia del punto "mattress", crea una unión completamente plana.

Apoye los bordes a ser unidos uno al lado del otro con el DL mirando hacia la tejedora. Levante la hebra más externa del tejido de un lado y luego del otro, trabajando a lo largo de la costura y tirando del hilado firmemente cada tanto.

Punto "mattress"

Hay dos versiones de este punto: una que se usa para unir dos bordes verticales (como las costuras de las muñequeras de la Cebra y las polainas de Tigre) y la otra que se usa para unir dos bordes horizontales (como el que se usa en la parte superior del gorro de conejo).

Bordes verticales

Ponga los dos bordes uno al lado del otro con el DL de la labor mirando hacia usted. Pase la aguja por debajo de la hebra que corre entre los dos primeros puntos de un lado y luego debajo de la hebra que corre entre los puntos correspondientes del otro lado. Tire firmemente del hilado luego de algunos puntos.

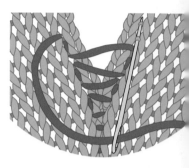

Bordes horizontales

Ponga los dos bordes uno al lado del otro con el DL de la labor mirando hacia usted. Pase su aguja por debajo de las "2 patitas" de la ultima hilera de puntos de la primera pieza tejida. Luego pase su aguja por debajo de las "2 patitas" al punto correspondiente en la segunda pieza tejida. Tire firmemente del hilado luego de algunos puntos.

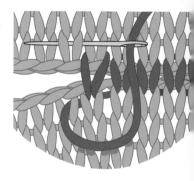

Muñequeras
Este diagrama es para el proyecto de la pàg 87.

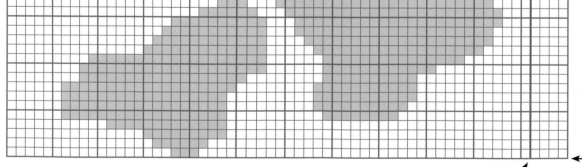

Comience aquí para la medida pequeña

Comience aquí para la medida màs grande

Sobrehilado

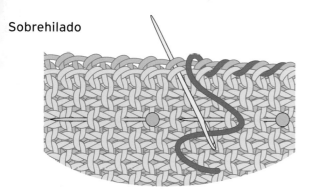

Este punto se usa para coser pequeñas piezas de tejido (como algunas de las orejas de los animales). Se trabajan normalmente con los DL enfrentados.

Pase el hilado desde el frente de su trabajo, a través del borde de la costura y nuevamente por el frente, a corta distancia entre sí.

Cosiendo los hocicos y los ojos

Piezas planas, como los hocicos y los ojos, pueden coserse fácilmente en su lugar. Estire suavemente la pieza a medida que la va cosiendo para asegurarse de que quede plana.

Cosiendo las orejas, cuernos y antenas

Estas pueden coserse o fijarse en su lugar usando una técnica similar al punto "mattress". Fijar las orejas a lo largo de sus bordes tanto anterior como posterior. Los cuernos y las antenas deben estar cosidas de manera que la base forme un círculo donde se juntan con la pieza principal del gorro para que queden derechos.

Ocultando las hebras

Cuando su tejido esté completo, tendrá unas hebras que esconder. La manera más fácil de lograrlo es pasar las hebras idealmente a través de una costura. Es una gran idea usar la aguja de bordar.

Asentar los tejidos

A veces, una vez terminado el tejido, la forma lograda no es la que se imagino. Si este es el caso, remojar el tejido completamente (pero no dejar en remojo), enjuaguar, dar forma y dejar secar naturalmente.

Técnicas de bordado

Algunas de las características de los animales están bordadas usando hilado doble (grosor DK). Esto incluye algunos de los ojos y de los hocicos y las manchas. Al bordar sobre tejido, pase su aguja por dentro y fuera de su trabajo por arriba de los puntos, en lugar de pasarlo entre los puntos en sí. Esto hará lucir a su bordado más parejo.

Punto cadena

Lleve su hilo al punto de comienzo en el frente de su trabajo. Vuelva con su aguja hacia atrás e insértela muy cerca del punto de inicio, dejando una pequeña lazada de hilo. Inserte nuevamente su aguja de tal manera que tome la lazada del punto anterior, haciendo una nueva lazada, tirando suave pero firmemente para que su tejido no se aplaste. Continúe de esta manera hasta cubrir la línea, el espiral o el círculo esté completo.

Punto tallo

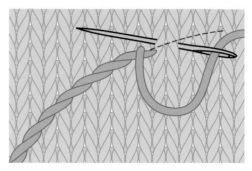

Lleve su hilo al punto de comienzo en el frente de su trabajo, luego hacia abajo de su trabajo un poco más adelante. Lleve el hilo nuevamente hacia arriba, a mitad de camino de los otros dos puntos. Repetir este proceso hasta haber completado la línea, recordando que debe mantener el hilo del mismo lado de la aguja con la que está trabajando.

Punto recto

Para hacer este punto, simplemente lleve su hilo al punto de comienzo y luego hacia atrás y debajo de su trabajo, donde desea que termine el punto.

Nudos franceses

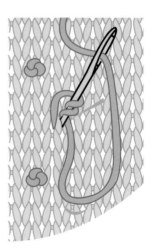

Lleve su hilo al punto de comienzo en el frente de su trabajo, donde desea que el nudo francés quede hecho. Envuelva la aguja con el hilo, la cantidad de vueltas que se indica, luego inserte su aguja hacia el reverso de la labor, muy cerca de su punto de partida. Luego, vuelva a sacar la aguja hacia el derecho de la labor donde desea colocar su próximo nudo francés, o simplemente déjela en el reverso si es el último o único nudo francés que necesita realizar.

Técnicas de crochet

Mientras que la mayoría de los proyectos de este libro son tejidos a dos agujas, para alguno de los gorros necesitará conocer puntos y terminaciones en crochet.

Hacer una cadena de crochet

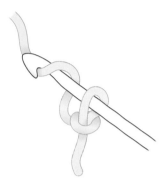

1. Hacer un nudo deslizable sobre la aguja de crochet de la misma manera que se realiza cuando se comienza un tejido a dos agujas. Sosteniendo el nudo deslizable sobre la aguja dar una lazada sobre la aguja desde atrás hacia adelante, luego tomar el hilo con la punta de la aguja.

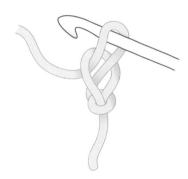

2. Deslizar el hilo a través de la lazada que está sobre la aguja para hacer el segundo eslabón de la cadena.

3. Continuar de esta manera hasta que la cadena tenga el largo que necesita.

Trabajando una terminación en crochet

Una terminación en crochet puede ser trabajada a lo largo de un borde horizontal o de un borde vertical, pero la técnica básica es la misma.

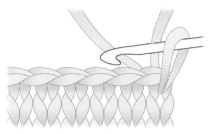

1. Inserte su aguja de crochet en el primer espacio entre puntos. Haga una lazada sobre su aguja y pásela a través de los puntos. Queda formado un lazo sobre la misma.

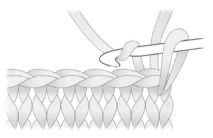

2. Envuelva nuevamente la aguja de crochet con el hilado y pase el mismo a través del lazo existente para formar un eslabón.

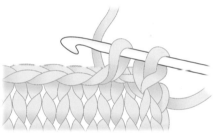

3. Inserte su aguja a través del próximo punto, envuelva la aguja con el hilo, y pásela a través de segundo lazo de hilo.

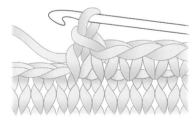

4. Envuelva la aguja de crochet con el hilo y páselo a través de los dos lazosde la aguja. Repetir los pasos 3 y 4, insertando la aguja en los espacios existentes entre los puntos de un tejido parejo.

Para una terminación a lo largo de un borde vertical, inserte su aguja en los espacios entre los bordes de sus hileras en lugar de hacerlo en los espacios entre los puntos.

medidas de agujas

Esta tabla muestra las equivalencias en las medidas internacionales de agujas.

Métrico (mm) Europeo	Reino Unido/ Canada/Australia	Estados Unidos	Japón/ China
2.0	14	0	--
2.10	--	--	--
2.25	13	1	--
2.40	--	--	1
2.70	--	--	2
2.75	12	2	--
3.0	11	--	3
3.25	10	3	--
3.30	--	--	4
3.5	--	4	--
3.60	--	--	5
3.75	9	5	--
3.90	--	--	--
4.0	8	6	--
4.20	--	--	7
4.5	7	7	8
4.80	--	--	9
5.0	6	8	--
5.10	--	--	10
5.40	--	--	11
5.5	5	9	--
5.70	--	--	12
6.0	4	10	13
6.30	--	--	14
6.5	3	10	--
6.60	--	--	15
7.0	2	--	--
7.5	1	--	--
8.0	0	11	--
9.0	00	13	--
10.0	000	15	--
12.75	--	17	--
15.0	--	19	--
19.0	--	35	--
25.0	--	50	--

glosario

Las distintas maneras que tenemos de referirnos a lo mismo en los países de habla hispana.

Para tejer:
tejer a dos agujas (Argentina, Uruguay)
tejer a palillos (Chile)
hacer punto (España)

Para hilera:
hilera, vuelta (Argentina, Uruguay)
corrida (Chile)

Para lazada:
lazada (Argentina, Chile, Uruguay)
hebra (España)

Para disminuir:
disminuir (Argentina, Chile, Uruguay)
menguar (España)
surjete (España)

Punto Santa Clara (Argentina)
punto bobo (España)
punto musgo (México)

Punto jersey derecho (Argentina, México, Uruguay)
jersey correteado (Chile)

Montar puntos (Argentina, Uruguay)
urdir puntos (Chile)

Punto elástico (Argentina, Uruguay)
punto elasticado (Chile)

Otros títulos de esta colección

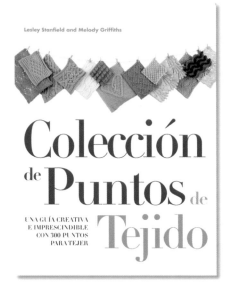

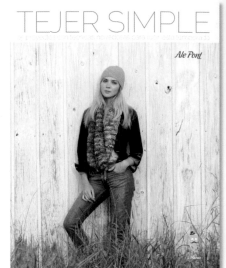

Colección de puntos de tejido
300 puntos para tejer

Lesley Stanfield y Melanie Griffiths.

La biblia definitiva de puntos de tejido a dos agujas está aquí. En el presente volumen, dos destacadas autoras del Reino Unido presentan 300 puntos de tejido, desde aquellos básicos destinados a principiantes hasta los más complejos, que alternan colores y texturas.

De acuerdo a las necesidades del lector de material de tejidos latinoamericano, el libro contiene instrucciones escritas así como patrones gráficos para facilitar la comprensión de cada punto.

Además, incluye un diccionario de abreviaturas, un glosario de términos de tejido según los distintos usos del español y un selector de puntos con fotografías al inicio de cada capítulo para facilitar su hallazgo.

Incluye conversor de medidas.

Encuadernación: Rústica.
208 págs. / 19 x 25 cm.

ISBN-13: 978-987-1903-06-1

Crochet para llevar!
Diseña tus propias mantas

Ellen Gormley

En crochet para llevar, ellen gormley propone un modo para diseñar tus propias mantas a partir de coloridos y fantásticos motivos (triángulos, hexagonos, cuadrados, etc).lo novedoso de esta propuesta es que sus 50 motivos son combinables entre si, ya que poseen la misma cantidad de puntos. El libro enseña técnicas básicas y diagramas para bordes y armado que ayudan a lograr mantas de lujo. Cada proyecto es explicado con texto y gráficos, detalladamente.

Crochet para llevar es un libro indispensable para quienes deseen tejer crochet en sus ratos libres: en el bus, en la sala de espera del doctor, mirando televisión, etc. La claridad y profusión de las explicaciones lo vuelve atractivo para tehediras principiantes tanto como avanzadas.

Encuadernacion: Rústica.
128 págs. / 20x26

ISBN-13: 978-987-19-0334-4

Tejer simple
15 proyectos con técnicas novedosas para lucir esta temporada

Ale Pont.

Proyéctos fáciles + técnicas novedosas + accesorios a la moda. Con Tejer simple, Ale Pont enseña a trabajar a dos agujas para lograr prendas en lana que se ajustan al gusto actual. Mitones, maxicuellos, chalecos, bufandas y gorros son algunos de los proyectos que sirven para tejer y regalar: son prácticos e insumen poco tiempo y complejidad de tejido. Cada prenda va explicado detalladamente y con diagramas de puntos e imágenes. La excelente fotografía de este libro así como su calidad de impresión lo convierten en un objeto especial para conservar.

Encuadernación: Rústica.
88 págs. / 20 x 26 cm.

ISBN-13: 978-987-19-0328-6

índice

agradecimientos

Quisiera agradecer al equipo de Cico por tener la idea de hacer este libro, por preguntarme para hacerlo, y por armarlo de forma tan preciosa. Muchas gracias a Pam y Mick Conquest de Mavis de Bushey, mi negocio local de hilados, por su ayuda con las lanas. Tambien quiero expresar mi admiración por Tricia McKenzie, mi correctora "ojo de águila" de los patrones. Un gran agradecimiento también a mi hermana Louise Turner por su ayuda al tejer los proyectos y a mi tìa Sheelagh Magee por enseñarme a tejer, hace tantos años. Igualmente gracias a los maravillosos modelos que han mostrado mis proyectos de la forma en que lo han hecho. Finalmente, gracias a mi compañero Roger y a mi hijo Louis por su paciencia – y por vivir en una casa llena de hilados para tejer.